Gestão Estratégica de Universidade

A construção da FACE/UnB

Gileno Fernandes Marcelino
Organizador

Universidade de Brasília
Faculdade de Administração, Contabilidade, Economia,
Ciência da Informação e Documentação (FACE)

Gestão Estratégica de Universidade

A construção da FACE/UnB

Gileno Fernandes Marcelino
Organizador

Participação
Corpo docente e corpo técnico da FACE

Coordenação
Diretor da FACE

Universidade de Brasília
Faculdade de Administração, Contabilidade, Economia, Ciência da Informação e Documentação (FACE)

2004

EQUIPE EDITORIAL
Elizabeth Araújo e Valdinea Pereira da Silva – *Preparação de originais e revisão*
Heonir Soares Valentim – *Capa e editoração eletrônica*

Impresso no Brasil

Direitos exclusivos para esta edição:
Universidade de Brasília
Faculdade de Administração, Contabilidade, Economia,
Ciência da Informação e Documentação (FACE)
Campus Universitário, Asa Norte
Brasília, DF

Gerência de produção

EDITORA
UnB

Ficha catalográfica elaborada pela
Biblioteca Central da Universidade de Brasília

G393 Gestão estratégica de universidade / Gileno Fernandes Marcelino (organizador). — Brasília : Universidade de Brasília, Faculdade de Administração, Contabilidade, Economia, Ciência da Informação e Documentação, 2004.
256p.

ISBN 85-230-0803-9

1. Ensino superior. I. Marcelino, Gileno Fernandes

CDU - 378.4

Sumário

Apresentação

A relevância da gestão planejada em organizações e, conseqüentemente, a busca de conhecimento e de análise dos cenários externos para a definição de missão, objetivos, estratégias e metas a curto, médio e longo prazos está fundamentada no entendimento de que é necessário construir uma nova cultura administrativa que se antecipe às oportunidades conjunturais e minimize as ameaças do ambiente externo. Assim, o processo de planejamento estratégico da Faculdade de Estudos Sociais Aplicados (FA) da Universidade de Brasília (UnB) tem essa finalidade, essa determinação e esse propósito, de construir a nova Faculdade de Administração, Contabilidade, Economia, Ciência da Informação e Documentação (FACE) da UnB.

Tal propósito implica, necessariamente, definir a missão da Faculdade levando em conta que, em última análise, sua formulação significa a primeira e mais abrangente escolha estratégica desse processo e que, dada a sua importância, não pode ficar reduzida a uma mera declaração formal. A mudança decorrente do processo enfatiza uma visão de futuro, ressaltando valores relacionados à excelência do ensino e aos meios de sua promoção, além da importância dada às pessoas, ao aprendizado contínuo e ao comprometimento com as demandas de Brasília e do país.

Essa filosofia de atuação visa à definição de objetivos estratégicos, exeqüíveis e consistentes com as orientações estratégicas emanadas da direção da UnB, adotando como regra fundamental uma gestão eficaz, concentrada nos objetivos, programas, projetos e metas, de modo a favorecer o aproveitamento das oportunidades relevantes, a neutralização ou a redução de ameaças conjunturais e uma orientação do processo gerencial.

O processo de planejamento estratégico pretende ser um instrumento eficiente e eficaz para elevar a FA à condição de referencial e modelo de gestão na Universidade de Brasília, aplicando as técnicas modernas de administração e gestão de recursos e fundamentando-se em um plano de ação apropriado às suas necessidades e anseios.

Dessa forma, este livro tem como finalidade descrever o processo de planejamento estratégico iniciado em 2001 pela Faculdade para orientar suas ações no qüinqüênio 2002-2006, sob a forma de programas/projetos e metas, e correspondentes medidas de implementação em nível tático e operacional.

Gileno Fernandes Marcelino
Diretor

Breve histórico da Faculdade de Estudos Sociais Aplicados

Maria Goretti Vieira Vulcão

A criação da UnB

No plano de Lúcio Costa para a nova capital já havia um local destinado à Universidade de Brasília (UnB), localizado entre a Asa Norte e o Lago, ocupando uma área de 257 hectares. Muitos opositores à nova universidade temiam por sua excessiva proximidade com a administração política do País, devido à grande atuação do movimento estudantil na época.

Apesar das oposições, a proposta recebeu a adesão de assessores importantes do Presidente, como Victor Nunes Leal e Cyro dos Anjos, que conseguiram que o professor Darcy Ribeiro fosse convidado a elaborar um projeto para a futura universidade. Ele passou a reunir cientistas, artistas, filósofos para discutir a estrutura da universidade, pois a UnB não foi projeto de uma ou duas pessoas, havia debates constantes entre os cientistas e pensadores, co-autores e cúmplices na grande aventura de reflexão sobre o modelo universitário brasileiro.

No dia 21 de abril de 1960, Brasília, a nova capital federal, foi inaugurada pelo Presidente Juscelino Kubitschek que enviou ao Congresso Nacional a Mensagem Nº 126 do Poder Executivo, propondo a criação da UnB e do sistema educacional do Distrito Federal.

No simpósio convocado pela Sociedade Brasileira para o Progresso da Ciência (SBPC) em outubro desse mesmo ano, cientistas, intelectuais e professores das diferentes áreas de conhecimento, reuniram-se para debater o plano de estruturação da UnB na sede do Centro Brasileiro de Pesquisas Educacionais.

Depois de um processo de tramitação difícil e demorada de aprovação no Congresso Nacional, o Presidente da República, João Belchior Marques Goulart, sancionou a Lei nº 3.998 de 15 de dezembro de 1961, que autoriza o Poder Executivo a instituir a Fundação Universidade de Brasília (FUB).

No dia 5 de janeiro de 1962, o Ministro da Educação e Cultura empossou os membros do primeiro Conselho Diretor da FUB: Darcy Ribeiro, Anísio Spínola Teixeira, Frei Mateus Rocha, Oswaldo Trigueiro (efetivos), Alcides da Rocha Miranda e João Moojen de Oliveira (suplentes). Dez dias depois, o Presidente do Conselho de Ministros, Tancredo Neves, assinou o Decreto nº 500, subscrito pelo Ministro da Educação e Cultura, Antônio de Oliveira Brito, que instituiu, nos termos da Lei nº 3.998, a Fundação Universidade de Brasília.

No Plano Orientador da UnB, publicado em 1962, a organização da UnB basear-se-ia na integração de três modalidades de órgãos: os institutos centrais, as faculdades e os órgãos complementares. As faculdades receberiam os alunos já preparados pelos cursos introdutórios de duas séries obrigatórias para todos os alunos, tendo em vista o exercício de uma profissão em mais dois anos de estudos. Haveria também programas de estudos de pós-graduação, de dois anos, para os candidatos ao doutoramento.

O Plano Orientador deixou claro que a implantação dos institutos precederia à implantação das faculdades. Talvez, por isso, possamos identificar certo grau de indefinição a respeito das Faculdades a serem criadas.

A UnB começou a ser construída em torno dos institutos e com a necessidade de iniciar imediatamente, suas atividades no dia 6 de janeiro de 1962. Por meio da Resolução nº 02/62, o Conselho Diretor autorizou as providências necessárias ao imediato funcionamento dos cursos transitórios. Eles funcionariam organizados em três troncos básicos de estudos:

1. Direito, Administração e Economia;
2. Letras Brasileiras;
3. Arquitetura e Urbanismo.

O triunvirato, chamado de curso-tronco de Direito, Administração e Economia, fez parte da lista dos primeiros cursos que realmente iniciaram suas atividades antes mesmo da inauguração oficial do *campus* em 21 de abril de 1962.

Os cursos-tronco seriam absorvidos pelos institutos e faculdades à medida que esses estivessem funcionando. Os troncos seriam ministrados em dois níveis, a saber: em classes de primeira série, para os cursos de formação profissional e em graduação, para as pessoas já formadas, que fariam estágio de dois anos, no máximo, para obtenção do grau de mestre, colaborando, também, nas tarefas didáticas da UnB, quando admitidos como instrutores.

O primeiro vestibular da UnB foi realizado nos dias 26 e 27 de fevereiro, nas dependências do Colégio Elefante Branco e do Ginásio da Caseb. Concorreram às vagas 830 candidatos. Os 413 estudantes selecionados nos exames vestibulares para os cursos-tronco, além dos alunos dos cursos de pós-graduação, começaram o ano letivo em salas emprestadas na Esplanada dos Ministérios, no 9º andar do Ministério da Saúde, onde se instalaram, provisoriamente, em dois andares, a administração e as salas de aula. A reitoria funcionava no Ministério da Educação.

Em 1963, o professor Victor Nunes Leal foi nomeado primeiro coordenador do curso-tronco de Direito, Administração e Economia.

A inauguração

No dia 2 de março de 1962, foi iniciada a construção de uma área de 13 mil m^2, distribuída em nove prédios que abrigariam todos os serviços da UnB até que fossem construídos os edifícios definitivos do conjunto universitário.

As primeiras construções inteiramente concluídas foram dois pavilhões pré-moldados de madeira, com dois andares cada, chamados OCA I e OCA II, uma referência à companhia responsável por sua construção. Os prédios foram erguidos dentro dessa técnica construtiva, porque era necessário abrigar rapidamente os professores que vinham construir a nova universidade.

Os prédios da Faculdade de Educação foram as primeiras edificações permanentes construídas no *campus*. O conjunto é formado por três prédios, projetados pelo arquiteto e professor Alcides da Rocha Miranda, onde se encontra o auditório mais antigo da UnB, conhecido como auditório Dois Candangos, assim chamado em homenagem aos jovens trabalhadores, Expedito Xavier Gomes e Gedelmar Marques, mortos em acidente durante sua construção.

A cerimônia de inauguração do *campus* da UnB foi realizada às 10h do dia 21 de abril de 1962, no auditório Dois Candangos, cuja montagem fora terminada vinte minutos antes.

O Governo Federal foi representado pelo então Ministro da Educação e Cultura, Antônio de Oliveira Brito, que em seu discurso destacou "a nova ordem ditada pela consciência nacional, convencida de que já não havia um minuto a perder na luta pelo desenvolvimento econômico e social do País, cuja base se encontrava na educação do povo".

1º Estatuto da UnB

Em junho de 1962, o reitor Darcy Ribeiro submeteu ao Conselho Diretor o projeto do primeiro Estatuto da UnB, que foi aprovado e encaminhado à apreciação do Conselho Federal de Educação. No texto do primeiro Estatuto, foi criada a Faculdade de Ciências Políticas e Sociais composta pelas escolas de Direito, Diplomacia, Administração e Finanças e pela escola de Economia Aplicada. Essa faculdade deveria no futuro absorver o curso-tronco de Direito, Administração e Economia.

Segundo o professor Roberto Salmeron, que acompanhou os primeiros passos de criação da UnB, os cursos de Administração, Direito, Economia e Letras foram transferidos para o *campus*, inicialmente nos elegantes, mas pequenos edifícios da futura Faculdade de Educação. Com as atividades e o corpo docente aumentando, as aulas foram então transferidas para o primeiro andar de um prédio extremamente modesto, um galpão, concebido para abrigar o almoxarifado da universidade, chamado Serviços Gerais Número 12 (SG-12), em cujo andar térreo passou a funcionar a Biblioteca Central. As instalações eram precárias, pois o edifício tinha sido construído para outras funções, e não para abrigar pessoas que se dedicassem a trabalho intelectual.

Instituto Central de Ciências Humanas (ICCH)

O planejamento inicial previa que após dois anos de funcionamento do curso-tronco de Direito, Administração e Economia, fosse criada uma faculdade onde os alunos pudessem prosseguir para os cursos profissionais. No entanto, esse projeto teve de ser alterado e, apesar da grande polêmica, o curso-tronco de Direito, Administração e Economia acabou sendo absorvido pelo Instituto Central de Ciências Humanas (ICCH), em julho de 1964, quando deixaram de existir os cursos-tronco e ficou definido que, a partir de 1965, todos os cursos da UnB seriam ministrados em regime de tempo integral.

De acordo com Roberto Salmerom, o antropólogo Eduardo Enéas Gustavo Galvão, que tinha dirigido o Museu Emílio Goeldi em Belém do Pará e era professor na Universidade de Columbia em Nova Yorque, foi o primeiro coordenador e responsável pelo planejamento e implantação do ICCH, o instituto com o maior número de alunos e maior corpo docente da UnB devido à diversidade de seus cursos.

A invasão de 1964

A partir do Golpe Militar de 31 de março de 1964, a UnB passou a ser tratada como foco de subversão e é invadida por tropas da Polícia Militar de Minas Gerais no dia 9 de abril.

Por decreto presidencial, foram extintos os mandatos dos membros do Conselho Diretor da FUB, inclusive o do reitor, professor Anísio Teixeira. O Ministro da Educação e Cultura designou reitor *pro-tempore* o professor Zeferino Vaz, iniciando nova etapa no processo de criação da UnB.

Descontente com o clima de desconfiança e com a demissão arbitrária de vários professores do ICCH, que esvaziou os setores de Economia e Sociologia, o professor Eduardo Enéas Galvão pediu exoneração do cargo de coordenador do instituto. Atendendo apelo dos professores, o cargo foi ocupado pelo professor Luis Machado Neto.

> O professor Machado Neto deixou a Universidade da Bahia para colaborar na experiência de Brasília. Seu interesse principal era Filosofia do Direito, mas sentia-se à vontade em outros campos como Filosofia, Sociologia e Política. Homem de muitos interesses escreveu cerca de trinta livros. Além de grande cultura, curiosidade e honestidade intelectual, tinha respeito pelas idéias dos outros e pelas novas gerações, qualidades que o realçavam como professor (Roberto Salmeron. *A universidade interrompida* – 1999).

O professor Machado Neto foi defensor incondicional dos princípios universitários, sempre destacando-se nos momentos críticos por seu bom senso e ponderação, características indispensáveis na coordenação do instituto em uma fase política muito delicada. Machado Neto dirigiu trabalho coletivo para a elaboração de um *Dicionário de Teoria Geral do Direito*, o que facilitaria o acesso dos alunos à literatura especializada.

No segundo semestre de 1965, no ICCH, funcionavam seis departamentos: Administração e Finanças; Direito; Economia; Filosofia e Teoria Geral do Direito; História e Antropologia e Sociologia. Em outubro do mesmo ano, os professores Eduardo Enéas Galvão e Machado Neto foram expulsos da UnB pelo reitor Laerte Ramos de Carvalho, substituto de Zeferino Vaz.

Demissão coletiva – 1965

Pressionado, de um lado pela comunidade universitária e de outro por setores conservadores do Governo Federal, o reitor Zeferino Vaz promoveu uma série de demissões por motivos políticos. O clima de perseguição espalhou insegurança e agitou os estudantes mobilizados pela Federação dos Estudantes Universitários de Brasília (FEUB).

Zeferino Vaz anunciou sua renúncia ao cargo de reitor. Laerte Ramos de Carvalho foi, então, eleito pelo Conselho Diretor o novo reitor da Universidade de Brasília.

Diante da crise, agitações e greves, o reitor, Laerte Ramos de Carvalho, suspendeu as atividades acadêmicas e solicitou ao Departamento Federal de Segurança Pública, o envio de tropas policiais para garantir a integridade patrimonial da UnB. Mais uma vez, a UnB foi ocupada pela polícia, dessa vez, durante uma semana.

No dia 18 de outubro, após a demissão de 15 professores considerados subversivos, 209 docentes, entre professores e instrutores, apresentaram pedido de demissão coletiva. A Universidade de Brasília ficou sem a maioria de seus professores.

A recomposição do quadro de docentes, após a demissão coletiva dos professores, é feita de forma emergencial e caso não fosse possível a recomposição de algum curso, haveria até mesmo a possibilidade da transferência de estudantes, com bolsas, para outras universidades brasileiras.

Os novos professores, contratados às pressas, não foram muito bem-recebidos pelos estudantes. Exigindo a demissão dos novos professores, os alunos do Instituto de Artes (ICA) e da Faculdade de Arquitetura (FAU), interditam o prédio (SG-1) e suspendem as aulas, iniciando uma greve que duraria vários meses.

Faculdade de Ciências Jurídicas e Sociais (FCJS)

Após a demissão de Machado Neto, o professor Roberto Lyra Filho assumiu a coordenação do ICCH e, em setembro de 1966, o reitor autorizou a criação da Faculdade de Biblioteconomia e Informação Científica.

No ano seguinte, Roberto Lyra Filho apresentou ao Conselho Diretor o relatório do Processo nº 448/67 com o esquema de implantação e organização definitiva dos cursos e programas integrados de graduação e pós-graduação em Ciências Humanas. O relatório continha o Projeto de Regimento Interno para a Faculdade de Ciências Jurídicas e Sociais e um plano de divisão do pessoal administrativo e docente do ICCH, para constituição da futura faculdade. No item do relatório referente à Economia, foi incluído um curso de Economia Rural, assunto muito debatido entre os conselheiros. Nessa reunião, realizada no dia 11 de julho de 1967, foi oficialmente criada a nova faculdade: a Faculdade de Ciências Jurídicas e Sociais sob a sigla FCJS, envolvendo os cursos de Direito, Administração e Economia.

No dia 31 de julho de 1967, o professor Aderson Andrade de Menezes foi nomeado, *ad referendum* do Conselho Diretor, coordenador da Faculdade de Ciências Jurídicas e Sociais. Em novembro, Caio Benjamin Dias foi eleito reitor após a renúncia de Laerte Ramos de Carvalho.

No novo Estatuto da UnB, aprovado no dia 8 de novembro de 1968, consta a Faculdade de Ciências Jurídicas e Sociais, composta de três Departamentos: Administração, Direito e Economia. O novo Estatuto resolveu uma situação no mínimo curiosa, a existência, durante um curto espaço de tempo, de dois Departamentos de Economia na estrutura acadêmica da UnB, um na Faculdade de Ciências Jurídicas e Sociais (FCJS) e outro ligado ao Instituto Central de Ciências Humanas (ICCH).

Nesse mesmo ano, o professor Luiz Vicente Cernicchiaro, assumiu a coordenação da FCJS, após o súbito falecimento do professor Aderson Andrade de Menezes, atropelado no estacionamento da Universidade.

Invasão policial de 1968

O ano de 1968 ficou marcado pela radicalização dos movimentos políticos no Brasil. Em Brasília, os estudantes, organizados em torno da FEUB, promoviam passeatas, ocupavam o *campus* e montavam barricadas que eram freqüentemente reprimidas com violência pela polícia.

O estudante Édson Luis foi morto pela polícia no Rio de Janeiro. Em Brasília, a Assembléia Geral dos Estudantes decidiu suspender as aulas, realizar vigília no *campus*, reunião permanente do conselho de representantes da FEUB, e fazer passeata para o dia seguinte. Três mil estudantes em assembléia decidem dar o nome de Édson Luis à praça situada entre o prédio da FE-1 e a quadra de basquete.

No final de junho, o reitor, sob a alegação de que não conseguiria defender o patrimônio da Universidade em face da rebeldia dos estudantes, solicitou a intervenção da polícia. Atendendo ao pedido da reitoria, a polícia ocupou a UnB prendendo estudantes.

Em agosto, foi decretada a prisão preventiva de sete estudantes: Honestino Monteiro Guimarães (Presidente da FEUB), Mauro Mota Burlamaqui, José Antônio Prates, Paulo Sérgio Ramos Cassis, Paulo Speller, Samuel Yuzuru Babá e Lenine Bueno Monteiro.

Sob a alegação de cumprir o mandato de prisão dos alunos, em uma operação conjunta entre a Polícia do Exército, Polícia Militar, Polícia Civil, Departamento de Ordem Polícia Política (DOPS), a Universidade de Brasília foi violentamente invadida. Os estudantes foram conduzidos com as mãos à cabeça para a quadra de basquete, onde ficaram aproximadamente 500, sendo 60 deles presos e um baleado no olho.

No dia 13 de dezembro foi decretado o Ato Institucional nº 5, anunciado ao País, em cadeia nacional de Rádio e Televisão, pelo Ministro da Justiça Luís Antônio da Gama e Silva.

Criação da Faculdade de Estudos Sociais Aplicados (FA)

No dia 13 de março de 1970, o Conselho Federal de Educação aprovou o texto do novo Estatuto da UnB. No artigo 5º do novo Estatuto, estabelece-se que, para se instalar qualquer unidade acadêmica seria necessária a existência de pelo menos três departamentos, exigência que indicou redirecionamento da política de implantação da UnB. Foi abandonado o compromisso com as concepções originais, que vinham sendo mantidas, até então, em favor de critérios de eficiência e racionalidade (Dias; Geralda, 1993).

Durante o ano de 1970, foram constituídos os principais colegiados previstos no Estatuto e Regimento Geral, com a instituição dos Conselhos de Administração e de Ensino e Pesquisa, com as respectivas Câmaras, sendo designados os primeiros Decanos da UnB, aos quais foram delegadas competências correspondentes às de sub-reitores.

A Faculdade de Estudos Sociais Aplicados foi criada reunindo as Faculdades de Ciências Jurídicas e Sociais, de Biblioteconomia e Informação Científica e de Comunicação. O professor Luiz Vicente Cernicchiaro foi exonerado do cargo de coordenador e imediatamente empossado como primeiro diretor da Faculdade de Estudos Sociais Aplicados.

O Departamento de Economia retornou ao Instituto de Ciências Humanas (IH), que teve o termo *Central* retirado de seu nome em 1969. Em 1973, iniciou-se o curso de "Pós-Graduação" em nível de Mestrado, com dezesseis alunos.

Ordem, trabalho e disciplina

No dia 25 de março de 1971, tomou posse o reitor Amadeu Cury, iniciando o período de consolidação física e acadêmica da Universidade de Brasília. Superado o momento de turbulência, a nova direção da UnB passou a contar com apoio financeiro do Governo Federal. A nova postura da administração da Universidade tinha reflexos na distribuição física de seus prédios, como a modificação estratégica da localização do novo restaurante universitário, retirado das proximidades do, também novo, prédio da Reitoria, na tentativa de evitar o movimento freqüente de estudantes.

Quando assumiu a presidência do país em 1974, o general Ernesto Geisel prometia a superação da crise, a recondução do País aos níveis de crescimento econômico dos anos do "milagre" brasileiro e o restabelecimento do regime constitucional.

Os estudantes e professores da UnB viviam, portanto, a expectativa de maior participação política, além de começarem a sentir os efeitos dos primeiros problemas financeiros, que haviam paralisado as obras da Faculdade de Tecnologia no início do segundo semestre. Em 1976, o senhor José Carlos de Almeida Azevedo, professor, doutor em física, e também oficial da Marinha (capitão-de-mar-e-guerra), assumiu a reitoria da UnB, justamente quando os estudantes tentavam reorganizar seus órgãos de representação. Apesar do imenso investimento do início da década de 1970, que se refletia no crescimento físico da instituição, o rigoroso controle e o excesso de poder da reitoria começaram a ser questionados por alunos, professores e funcionários.

O movimento estudantil de Brasília estava integrado às manifestações em âmbito nacional, assumindo a bandeira em defesa das liberdades políticas e da anistia ampla e irrestrita para os presos políticos.

Ciências Políticas e Relações Internacionais

A Faculdade de Estudos Sociais Aplicados iniciou, em 1971, longo período sob a direção do professor Edson Nery da Fonseca, que enfrentou problemas pela quase inexistência de professores em regime de dedicação exclusiva nos Departamentos de Administração e de Biblioteconomia; e com a falta de profissionais com significativa vivência acadêmica na área de Direito, apesar do excessivo número de professores nesse Departamento. Apesar das dificuldades, os cursos de graduação em Ciências Contábeis e de Mestrado em Direito e Estado foram implementados a partir de 1975.

O Departamento de Administração recebeu grande impulso com a criação do curso de Contabilidade na área da graduação e com a implementação do curso de Mestrado. O Departamento de Biblioteconomia teve destaque na pesquisa bibliográfica sobre os cerrados brasileiros e a Filosofia no Brasil, além da colaboração com a Comissão Brasileira de Classificação Decimal Universal, iniciativa que contou com a participação ativa dos alunos.

A partir de agosto de 1976, o Departamento de Ciência Política e Relações Internacionais passou a integrar a Faculdade de Estudos Sociais Aplicados e o Departamento de Comunicação foi transferido para o Instituto de Expressão e Comunicação.

O Departamento de Comunicação esteve ligado à FA de 1970 a 1976 e, durante esse período, teve desenvolvimento rápido, de alta qualidade, conseguindo destaque em âmbito nacional. A formação profissional dos alunos de comunicação era oferecida em três habilitações: Jornalismo (impresso, radiofônico, televisado e cinematográfico), Relações Públicas e Publicidade e Propaganda.

Crise política de 1977

Os estudantes contestavam o discurso de eficiência e de progresso das autoridades universitárias denunciando a falta de instalações físicas, a ociosidade de laboratórios, a falta de professores, o sistema de jubilamento e o controle da liberdade de expressão e de organização das entidades de representação estudantil.

Na manhã do dia 19 de maio, os estudantes dirigiram-se ao gramado da Faculdade de Educação, para uma assembléia na Praça Edson Luiz, e fizeram uma passeata pelo *campus* até o prédio da reitoria e nova assembléia no restaurante universitário, que marcariam as atividades do **Dia Nacional de Luta**, decretado pelo movimento de estudantes em âmbito nacional.

Toda a movimentação dos estudantes foi ostensivamente vigiada pela polícia, porém, esse cenário de aparente tolerância mudou no dia 30 de maio com a suspensão de 16 alunos identificados como líderes das manifestações.

No dia seguinte, em assembléia, os estudantes decidiram entrar em greve por tempo indeterminado. O reitor José Carlos Azevedo solicitou a presença da Polícia Militar, justificando que ela deveria garantir o reinício das aulas.

Em meio a um clima de grande pressão, os professores convocaram uma assembléia que contou com a adesão de cerca de 150 professores que, em passeata, seguiram até o prédio da reitoria, buscando atuar como mediadores no conflito entre a reitoria e os estudantes.

Apesar da intervenção dos professores, o clima não melhorou e, no dia seguinte, por volta do meio dia, as tropas militares invadiram, mais uma vez, a Universidade de Brasília, prendendo estudantes, intimidando professores e funcionários.

A crise política na UnB ultrapassava as fronteiras do *campus* e, no Senado Federal, foi criada uma comissão para interferir e mediar o conflito. O chefe do gabinete militar do Presidente Ernesto Geisel, general Hugo

Abreu entrou em cena na tentativa de controlar o problema que se tornara muito delicado.

Cenas dramáticas de alunos perseguidos por policiais armados eram comuns no dia-a-dia da UnB. Em outubro e novembro, ocorreram mais duas invasões maciças de tropas policiais no *campus*.

A primeira reunião do Conselho Universitário

Nesse período, a reitoria funcionava quase que exclusivamente por meio da Mesa Executiva, órgão deliberativo e formulador de políticas para a universidade. Acima da Mesa Executiva estava apenas o Conselho Diretor, composto por figuras notáveis, mas que pouco se envolvia com o cotidiano da UnB. O Conselho Universitário (Consuni), previsto em estatuto desde 1962, composto por uma parcela mais representativa da comunidade universitária, ainda não tinha sido instituído, por isso, jamais convocado.

Em meio ao clima de radicalização e intransigência, o reitor José Carlos Azevedo se viu pressionado a convocar, pela primeira vez, o Consuni, no dia 17 de junho de 1977. O reitor esperava com essa convocação assegurar que seu ato punitivo em relação aos 16 estudantes envolvidos nas manifestações do dia 19 de maio fosse reiterado pelo novo Conselho.

Apesar do empenho de alguns professores, membros do Conselho, interessados em conciliação, a ação punitiva do reitor foi legitimada pelo Consuni, tendo sido instalada uma Comissão de Inquérito para apurar responsabilidades pela greve e as aulas foram suspensas por 30 dias.

Com o fim dos trabalhos da Comissão de Inquérito, 30 alunos foram expulsos, 7 foram suspensos por 90 dias, 25 suspensos por 30 dias e 2 suspensos por 5 dias.

Apesar da derrota dos estudantes, o início das atividades do Conselho Universitário abriu precedente importante no acesso às decisões administrativas pela comunidade universitária. Em maio de 1978, foi criada a Associação dos Docentes da Universidade de Brasília (ADUnB), que, na década seguinte, juntamente com o Consuni tiveram papel decisivo no processo de redemocratização da UnB.

Listas sêxtuplas para diretor

No dia 8 de janeiro de 1976, o Ministro da Educação e Cultura homologou o novo Estatuto da UnB. O novo Estatuto alterou o processo de escolha dos Diretores dos Institutos e Faculdades, determinando que competia ao Conselho Departamental de cada unidade eleger os integrantes das listas sêxtuplas de onde sairiam o Diretor e o Vice-Diretor dos institutos e faculdades.

O professor José Francisco Rezek, do Departamento de Ciências Políticas e Relações Internacionais, foi eleito pelo Conselho Departamental da FA, assumindo a Direção da Faculdade no dia 24 de dezembro de 1978.

Em setembro do ano seguinte, o professor Rezek enviou carta ao reitor informando sua indicação para o cargo de Subprocurador-Geral da República, o que impossibilitaria a continuação de seu mandato à frente da faculdade. A vice-diretora, Maria do Socorro Macedo Vieira de Carvalho, assumiu a Direção da FA até novembro de 1980.

A segunda gestão do professor Azevedo

Em março de 1979, o general João Batista Figueiredo assumiu a Presidência da República. O ex-chefe do Serviço Nacional de Informações (SNI), responsável pela vigilância político-ideológica dos grupos de esquerda, desde o golpe de 1964, era agora responsável pelo processo de abertura política. O novo Presidente enviou ao Congresso um projeto de anistia aos presos políticos, o que possibilitou o retorno ao País de vários exilados.

Em novembro de 1979, foi aprovada a Lei nº 6.733, que passava para o Presidente da República o poder de nomear, a seu arbítrio, e sem especificar qualquer tempo de duração de mandatos, todos os dirigentes das fundações mantidas pelo Governo Federal, qualquer que fosse a sua natureza, inclusive aquelas mantenedoras de universidades federais. A nova Lei ficou conhecida como "Lei Azevedo", pois permitiu que o professor José Carlos Azevedo tomasse posse pela segunda vez como reitor da UnB.

No final do ano seguinte, o professor Francisco Paes Landin, do Departamento de Direito, assumiu a Direção da FA, iniciando um período de aparelhamento físico da Faculdade com a construção de suas instalações definitivas. A construção do novo edifício recebeu recursos do Programa de Coordenadoria de Desenvolvimento das Instalações de Ensino Superior (Premesu VI) e foi executada pela construtora de Serviços Gerais de Engenharia LTDA S.A. (Sergen).

O prédio foi inaugurado no dia 22 de abril de 1982 pelo Excelentíssimo Senhor Ministro Presidente do Supremo Tribunal Federal, Francisco Xavier de Albuquerque. Em agosto do mesmo ano, foi a vez do "Auditório Joaquim Nabuco" que foi inaugurado por José Thomas Nabuco, um dos filhos do seu patrono.

O Decanato de Extensão incrementou suas atividades dando início a uma série de atividades como o 1º Encontro Internacional da UnB, realizado de 10 a 14 de setembro, e os Encontros da UnB, série de seminários que objetivam promover, em nível acadêmico, a análise sistemática e o debate qualificado de temas relevantes da atualidade nacional.

Redemocratização da UnB

Em maio de 1980, foi realizado o I Fórum de Debates da UnB, promovido pela ADUnB e pelo Diretório Central dos Estudantes (DCE), que parou a Universidade durante dois dias para debater questões acadêmicas e de política universitária. Apesar da luta dos professores, as negociações com a reitoria eram difíceis, pois o reitor não reconhecia a ADUnB como seu órgão de representação. A principal reivindicação dos professores era o enquadramento dos professores-colaboradores no quadro de carreira das universidades e a implantação de um plano de ascensão funcional unificado, visto que, segundo eles, 56,5% dos professores não faziam parte do quadro.

Durante todo o longo e desgastante processo que se seguiu, entre greves, passeatas e assembléias, professores como Ozires Azeredo Lopes, Carlos Mário Veloso, Roberto Ferreira Rosas e Bento José Bugarim, ligados à Faculdade de Estudos Sociais Aplicados, mantiveram-se atentos na intermediação das negociações entre professores, estudantes e a administração da Universidade.

Em janeiro de 1983, o Deputado Federal, Dante de Oliveira, apresentou ao plenário sua emenda constitucional, restabelecendo a eleição direta para Presidente da República. Nesse mesmo ano, foi revogada a

Lei nº 6.733, substituída pela Lei nº 7.177, que fez retornar o processo de escolha dos dirigentes de todas as universidades, fundacionais ou autárquicas, aos seus colegiados superiores, na forma de listas sêxtuplas a serem submetidas ao arbítrio do Ministro da Educação e Cultura.

A campanha pelas "Diretas Já" ganhou apoio popular e, também, as ruas de todo o país em comícios como o do Vale do Anhangabaú, em São Paulo, que arrastou para o centro da cidade mais de um milhão de pessoas. No entanto, em abril de 1984, a emenda constitucional que estabelecia eleições diretas para Presidente da República foi derrotada unindo a oposição em torno da candidatura de Tancredo Neves para concorrer à eleição no Colégio Eleitoral.

No dia 15 de janeiro de 1985, o Colégio Eleitoral elege Tancredo Neves Presidente da República. Terminava assim o regime militar no Brasil, dando início à Nova República. Cinco meses depois da eleição de Tancredo Neves, o professor Cristovam Buarque, escolhido pela comunidade universitária, assumiu a reitoria da UnB inaugurando uma nova fase de organização administrativa. É implementada nova filosofia de gestão e funcionamento administrativo no sentido de tornar o trabalho mais rápido, eficiente e democrático.

O ano de 1985 foi de transição político-administrativa, tanto na esfera governamental do País como no âmbito da UnB. Em novembro de 1985, o professor José Carlos Brandi Aleixo foi escolhido, democraticamente, pela comunidade (professores, alunos e funcionários), Diretor da FA. Nesse período, iniciou-se grande programa de informatização das unidades acadêmicas, com a instalação de terminal de computador nas dependências da faculdade para uso de professores e funcionários.

Foram criados os cursos de Pós-Graduação em nível de Mestrado de Relações Internacionais e de Ciência Política.

O Escritório de Assistência Judiciária criado em 1984, que proporcionava assistência jurídica gratuita à sociedade, tomou novo impulso com a abertura de novo escritório com as mesmas características na cidade de Ceilândia.

Cursos noturnos

Em fevereiro de 1990, o professor Murilo Bastos da Cunha assumiu o cargo de Diretor da Faculdade iniciando um período de expansão da estrutura da FA, o que daria suporte a um futuro desmembramento da mesma. Em um grande esforço do Departamento de Biblioteconomia, foram finalizadas as gestões para a apreciação da proposta de Doutoramento em Ciência da Informação pelo Consuni. O início desse curso foi um grande avanço no ensino dessa área no País, tanto na formação de pessoal, quanto na formação de pesquisadores.

Em 1992, foi criado o Departamento de Ciências Contábeis e Atuariais, e o Departamento de Biblioteconomia teve sua denominação modificada para Departamento de Ciência da Informação e Documentação, pois, além de oferecer o curso de graduação em Biblioteconomia e Documentação, passou a oferecer também o curso de graduação em Arquivologia.

O curso noturno de Administração foi uma iniciativa pioneira que começou a funcionar em 1989 e, no ano seguinte, foi implementado o curso noturno de Arquivologia, ampliando o papel da Universidade Pública em Brasília, possibilitando o acesso ao ensino superior gratuito para os que trabalham durante o dia.

A ampliação do funcionamento do turno noturno, com a criação de sete Cursos de Licenciatura: Matemática, Física, Química, Biologia, Português, Educação Artística e Magistério para as séries iniciais, visava à formação de professores para o 2º Grau. O processo de escolha dos cursos a serem ofertados surgiu da constatação de que a universidade pública brasileira precisava ampliar a formação do quadro de professores para os ciclos básicos e, no caso específico da UnB, detectou-se que, no Distrito Federal e Entorno, havia ausência de pessoal capacitado para esse fim.

A criação de duas novas unidades

O ano de 1994 foi um ano de grandes mudanças na estrutura da FA. Em maio, o professor Gilberto Tristão assumiu a Direção da Faculdade e, em dezembro, foram aprovados os projetos de criação da Faculdade de Direito e do Instituto de Ciências Políticas e Relações Internacionais.

Nesse mesmo ano, teve início o curso noturno de Direito e o ainda Departamento de Ciências Políticas e Relações Internacionais firmou acordo com o CNPq e com o Ministério das Relações Exteriores para financiamento do curso de Especialização em Gestão da Cooperação.

A criação da FACE

Em junho de 2001, o professor Gileno Fernandes Marcelino, assumiu a Direção da FA com um grande desafio: promover a integração acadêmica e física entre os departamentos de Administração, Ciência da Informação e Documentação, Ciências Contábeis e Atuariais e Economia, que atualmente faz parte do Instituto de Ciências Humanas (IH), pois as áreas de atuação dos profissionais desses segmentos têm muitos pontos de superposição, o que facilitará a construção de projetos interdisciplinares e um teto comum.

O primeira passo para a criação da nova faculdade foi reintroduzir a idéia de sua construção entre as obras prioritárias da UnB para o atual período de 2002-2006. A respeito dessa fase é importante destacar a atuação do professor Flávio Versiani, chefe do Departamento de Economia, que, entre outros aspectos, demonstrou firmemente a coesão de todos os departamentos em torno da proposta.

O planejamento estratégico da FACE para o período de 2001-2005, desenvolvido com a participação de professores, alunos e funcionários, foi fundamental para a concretização desse projeto já aprovado pelo Conselho Universitário da UnB (Consuni) em sua última reunião do ano 2003.

O novo prédio será construído ao lado da atual faculdade até 2005 e oferecerá a professores, a estudantes e a funcionários, espaço e conforto, aprimorando as condições de trabalho, facilitando a evolução de seu papel como geradora de pensamento e análise crítica da realidade sóciocultural, além de permitir maior integração de suas realizações dentro e fora da UnB.

Capítulo 1

Introdução ao planejamento e à administração estratégica

Gileno Fernandes Marcelino

As universidades federais brasileiras, como toda a administração pública nacional, passam por períodos de intensas transformações, resultados de avanços tecnológicos e de significativas mudanças sociais, econômicas e políticas. O modelo burocrático que evoluiu a partir da década de 1930 não atende a esse novo momento da sociedade brasileira. A gestão baseada em princípios racional-burocráticos, que representou grande avanço no passado, foi fundada na rigidez dos padrões e concentrou-se no controle dos processos e não nos resultados.

Esse modelo, que ainda permeia a administração pública brasileira em várias dimensões e níveis organizacionais, é gerador de burocracias que se tornaram um fim em si mesmas, com estruturas administrativas centralizadas e padronizadas e serviços que não atendem aos desafios de uma sociedade baseada no conhecimento e na informação. Sociedade que se modifica rapidamente, como visualizava Drucker (1974) "[a] diversidade, a flexibilidade e a competição tornar-se-ão mais importantes no que tange ao conhecimento quanto mais este se tornar básico para a sociedade".

A universidade pública brasileira integra a administração federal indireta caracterizada por maior flexibilidade no setor público. Nesse sentido, representa um conjunto de estruturas organizacionais descentralizadas, buscando flexibilizar e desconcentrar a gestão pública. Contudo, a universidade é uma organização conservadora por excelência, em práticas e posturas. Sua gestão ainda é, ou sempre foi, tradicionalista, burocrática e governamental. Por conseqüência, tem resistido a examinar com profundidade a aplicação de um novo modelo organizacional (Finger, 1997).

Essa situação começou a mudar em razão do modelo de administração pública definido no Plano Diretor da Reforma do Aparelho do Estado[1], cujos princípios envolvem mudança na estratégia de gestão, voltada para resultados e focada no atendimento às demandas dos cidadãos como usuários e clientes dos serviços públicos. O cidadão passa a ter um papel de destaque na definição das estratégias de desenvolvimento das organizações públicas nesse novo modelo.

[1] Plano Diretor da Reforma do Aparelho do Estado apresentado pelo Presidente da República, em novembro de 1995, que delineia a concepção de Estado e seu funcionamento.

Dessa forma, faz-se necessário examinar novas referências para o planejamento e para a organização das unidades acadêmicas na busca de atender demandas, como: prestação de serviços, qualidade, automação, tecnologia, eficiência interna e eficácia organizacional.

Insere-se nesse cenário a Faculdade de Estudos Sociais Aplicados da Universidade de Brasília com atribuições:

> (...) de coordenar e avaliar as atividades de ensino, pesquisa e extensão nas respectivas áreas; decidir sobre a organização interna; e, planejar e administrar os recursos humanos, orçamentários, financeiros e materiais sob sua responsabilidade (UnB, 2001:12).

Integram as estruturas acadêmica e administrativa da Faculdade os cursos de Administração (ADM), de Ciências Contábeis e Atuariais (CCA) e de Ciência da Informação e Documentação (CID), com as respectivas estruturas acadêmico-administrativas. O grande desafio da administração da Faculdade dentro de uma perspectiva de resultados de médio e longo prazo identifica-se na atribuição de coordenar e avaliar as atividades de ensino, pesquisa e extensão.

Acrescente-se a esse desafio outras duas dificuldades que ainda continuam presentes no cenário das universidades brasileiras: 1) recursos financeiros escassos e necessidade de fazer que o produto organizacional tenha um preço social que o torne atraente; e, 2) visão de longo prazo da organização com alternativas que possam fundamentar ações permanentes (Finger, 1997).

Essas dificuldades no passado, foram dimensionadas em nível internacional (Combs, apud Ribeiro, 1977) nos seguintes termos:

> a) a grave penúria dos meios que impede os sistemas de ensino de melhor responder às novas exigências;
> b) a inércia inerente a estes sistemas, de onde provém excessiva lentidão com a qual têm adaptado suas estruturas internas às necessidades externas (...);
> c) a inércia do corpo social em si mesmo que, atado às suas tradições, suas crenças, seus sistemas de valores e de estímulos e suas instituições (...).

Essas são questões que permeiam o tecido gerencial da Universidade e terminam por fazer parte da agenda dos dirigentes em qualquer nível organizacional. Assim, durante o processo eleitoral para os cargos de Diretor e Vice-Diretor da Faculdade de Estudos Sociais Aplicados, realizado em maio de 2001, foi proposto um Plano de Gestão com destaque para a elaboração de Plano Estratégico Plurianual com participação de professores, alunos e técnicos. Esse Plano Estratégico foi definido como "um plano ambicioso, mas viável, pois é fundamentado no extraordinário potencial da Universidade de Brasília, na visão estratégica, na administração transparente e participativa, na sinceridade de propósitos e na competência gerencial" (Marcelino, 2001).

Busca-se no planejamento estratégico a oportunidade de promover discussão sobre os objetivos a longo prazo e sobre os meios e ações para alcançá-los. Promove-se a orientação estratégica para que se possam alinhar os subsistemas internos da instituição com as mudanças do ambiente, antecipando-se às percepções e exigências de sua clientela. As mudanças ambientais levam às exigências de mudanças nos mecanismos de gestão e nas estruturas organizacionais.

O pressuposto é de que a estratégia liga a situação externa (oportunidades e ameaças) à capacidade interna da instituição (pontos fortes e fracos). No planejamento estratégico, o primeiro momento da formulação estratégica considera as variáveis ambientais que influenciam a instituição, identificando aquelas que concorrem para sua vulnerabilidade interna e os pontos que possibilitam aproveitar as oportunidades. A fase seguinte é destinada à definição da estratégia apropriada para promover a inserção da instituição no futuro desejado.

1.1 Etapas da evolução conceitual

A utilização de metodologias de planejamento estratégico nas organizações brasileiras, públicas e privadas, vem experimentando, nas últimas décadas, uma evolução em busca de patamares mais elevados de eficácia e eficiência na gestão dessas entidades. Numa perspectiva histórica dessa evolução, podemos considerar os sistemas de valor e os principais problemas, segundo o tipo de planejamento e perspectivas que prevaleceram em cada uma das quatro fases de evolução dos conceitos de planejamento, assim caracterizadas:

Fase 1 – Planejamento financeiro

Nesta fase, a ênfase estava na elaboração do orçamento anual e o valor referenciado era o cumprimento desse orçamento. Entretanto, essa abordagem promovia uma miopia sobre a verdadeira natureza do planejamento, pois desconsiderava a complexidade mais abrangente das demais variáveis.

Fase 2 – Planejamento de longo prazo

Na segunda fase, uma maior ênfase passou a ser dada à projeção das tendências e à definição dos objetivos, tendo como valor referencial a necessidade de projetar o futuro. O problema maior consistia na rigidez dos planos assim formulados que não consideravam as mudanças inevitáveis, impostas pelas variáveis ambientais, e tampouco estavam sob estrito controle das organizações.

Fase 3 – Planejamento estratégico

Nesta fase, o planejamento estratégico consistiu na análise do meio-ambiente, contemplando cenários e as possíveis mudanças no ambiente de negócio para desenvolver as diretrizes estratégicas. O principal valor referencial está na preocupação de antecipar e determinar as ações futuras da organização num ambiente de incertezas e mudanças. Porém, a adoção de fórmulas simplistas tende muitas vezes a comprometer os resultados desse tipo de planejamento.

Fase 4 – Administração estratégica

Nesta fase, a abordagem mais atual é dada à administração estratégica que representa a evolução do pensamento estratégico e enfatiza a adaptação, visando reduzir dependências e incertezas ambientais com base na orientação estratégica do próprio sistema de valores das organizações. Sua preocupação primordial é a de administrar o futuro da organização, considerando a dinâmica das turbulências ambientais. A principal dificuldade da Administração estratégica está na complexidade da coordenação de muitas variáveis ambientais.

Segundo Marcelino (1999), o planejamento estratégico "é um processo gerencial que possibilita ao dirigente público ou privado estabelecer o rumo a ser seguido pela organização, com o objetivo de obter um nível de adequação entre esta e o seu ambiente".

O planejamento estratégico diferencia-se dos planejamentos tático e operacional, pois engloba toda a organização, enquanto os outros estão relacionados com áreas específicas.

> O planejamento estratégico não pode ser entendido como atividade clássica de planejamento, executável por comissões ou grupos de planejamento. Ele é de responsabilidade do nível hierárquico mais alto da organização, pois tem por objetivo o alcance de resultados, através de um processo sistemático de antecipação de mudanças futuras. Analisando os pontos fortes e fracos da organização, o Planejamento Estratégico favorece o aproveitamento das oportunidades que aparecem e evita as ameaças externas, além de estabelecer e corrigir os cursos de ação em longo prazo (Oliveira, 2002).

As organizações normalmente tendem, com o passar do tempo, a se estabilizar excessivamente e a se preocupar com sua sobrevivência e com a manutenção de seu *status quo*. O planejamento é importante no processo de induzir a organização a aceitar a mudança, as inovações e a preocupar-se com seu crescimento e ajustamento ao meio ambiente.

Motta (1979) ressalta que "o problema fundamental trazido pelo planejamento estratégico é o da decisão sob incerteza". As decisões estratégicas transcendem os limites da organização, ao contrário de outras decisões administrativas. O planejamento estratégico não retira da tomada de decisões o risco e a incerteza, mas aprimora, não só o conhecimento interno da organização como também o conhecimento sobre os fatores externos não controláveis, constituindo-se um instrumento valioso para que os dirigentes possam melhor distinguir as alternativas que se apresentam.

1.2 Conceitos de planejamento estratégico

Alguns autores propõem que o modelo de planejamento estratégico estabelecido seja implementado com a participação dos representantes de todos os segmentos de uma organização (inclusive a clientela, em algumas fases – vide Marcelino 1998). Ressaltam que o planejamento participativo, quando bem conduzido, facilita a quebra de resistências à mudança, Ackoff (1975).

> O principal benefício do planejamento participativo não é seu produto, ou seja, o plano, mas o processo envolvido. Neste sentido, o papel do responsável pelo planejamento não é simplesmente elaborá-lo, mas facilitar o processo de sua elaboração pela própria organização.

Ackoff acredita que o planejamento estratégico, na prática organizacional, fracassou porque seus preceitos são de difícil execução, gerando o que se chama "resistência ao planejamento" – a organização parece inerte e sem mudanças, após o desencadeamento do processo de planejamento:

> A resultante do planejamento estratégico é apenas um conjunto de planos e intenções. Por si mesmo, o planejamento estratégico não produz ações, nem mudanças visíveis na organização. Para efetuar as mudanças, a organização necessita de aptidões adequadas (Ackoff,1975).

Para Ackoff, existem duas posturas estratégicas possíveis: a competitiva e a empreendedora. A primeira está centrada no aumento da inserção de um produto já existente no mercado, por meio de propaganda, diminuição de custos e preços. A segunda preocupa-se com a inovação e o lançamento de novos produtos, ainda não existentes, ou produtos já existentes, mas diferenciados. A maioria das organizações utiliza predominantemente a primeira estratégia, mas, para sobreviver e crescer, precisa cada vez mais da segunda.

As organizações se deparariam, então, com um problema: a coexistência de duas culturas diferentes, já que não podem abandonar totalmente a primeira estratégia.

> (...) para maximizar o sucesso, a agressividade da estratégia da organização deve corresponder à turbulência do ambiente.
> O desempenho da organização será otimizado quando seu comportamento estratégico se ajustar à turbulência do ambiente e

quando a potencialidade da organização se adequar a seu comportamento estratégico.
O potencial da organização é o resultado de vários componentes-chave, os quais combinar-se-ão de acordo com o nível de turbulência ambiental para maximizar o sucesso da organização.

As principais causas para o desajuste entre uma organização e seu ambiente, segundo Ansoff (1990), são:

a) A agressividade do comportamento da organização em relação ao ambiente. A organização precisa se tornar mais agressiva para alcançar os concorrentes ou alinhar-se a áreas de oportunidade mais promissoras.
b) A agressividade estratégica está de acordo com a turbulência do ambiente futuro, mas a potencialidade disponível não condiz com a estratégia.
c) A organização se preocupa com o planejamento estratégico, negligenciando a necessidade de alteração da cultura interna e de suas potencialidades.

Oliveira (2002) acredita, no entanto, que se trata de um engano considerar o planejamento estratégico como um processo que tem seu ponto final na formulação de um plano formal e estruturado, pois o planejamento estratégico é muito mais que isso. Esse autor considera que a administração estratégica seria a soma da formulação do planejamento estratégico, do seu desenvolvimento e do controle dos resultados daí decorrentes, considerando que não vale a pena separar cada um desses elementos na prática organizacional, sob pena de torná-la fragmentada.

Capítulo 2

Sistema de planejamento estratégico da UnB

Nair A. Miranda

2.1 Antecedentes[1]

A Universidade de Brasília (UnB) foi planejada para desenvolver uma proposta de ensino superior distinta daquela praticada no Brasil na década de 1960. A Universidade, criada na Capital da República recém-construída, foi dotada de estrutura completamente diferente daquelas prevalecentes em outras universidades brasileiras: nasceu amparada por uma fundação pública de apoio – Fundação Universidade de Brasília (FUB), dotada de patrimônio financeiro e imobiliário, cuja exploração deveria custear a implantação do *Campus* e garantir a autonomia da nova Instituição, em relação aos recursos orçamentários repassados pela administração federal.

As inovações da UnB não se restringiam, no entanto, à sua capacidade de financiamento. Elas eram associadas, principalmente, a uma proposta inovadora de ensino que se refletia na primeira missão que lhe foi atribuída:

> (...) que contribua para a integração nacional através da ampliação das oportunidades de educação asseguradas à juventude, trazendo para seus Institutos e Escolas a mocidade de todos os Estados da Federação. É que enriqueça as modalidades de formação superior ministradas no País, contribuindo decisivamente para o preparo dos cientistas e dos técnicos, capazes de empreenderem a exploração racional do imenso patrimônio de recursos de que somos herdeiros, para colocá-lo ao serviço do desenvolvimento nacional (UnB, 1962).

Após a definição da missão foram definidos os objetivos[2] que se pretendiam alcançar e elaborado o Plano Orientador da Universidade de Brasília, primeiro instrumento de planejamento formal da Instituição.

---

[1] Este texto foi extraído do "Termo de referência para implantação do sistema de planejamento institucional da UnB", material didático para o Curso de "Novo modelo de gestão: prática de planejamento e orçamento", módulo V, promovido pela Secretaria de Recursos Humanos (SRH) e pela Secretaria de Planejamento (SPL) (2/9 a 13/11/2003).

[2] O documento estabelecia os seguintes objetivos para a UnB: "a) formar cidadãos responsáveis, empenhados na procura de soluções democráticas para os problemas com que se de-

A educação superior realizada, naquela época, no Brasil era baseada na prática de ensino prevalecente em Portugal e na França. O setor público identificava, no mesmo período, os primeiros sinais de insuficiência de recursos humanos qualificados para atender à demanda decorrente do processo de crescimento econômico do País e ainda constatava a impossibilidade do sistema educacional vigente atender às necessidades da indústria nascente. Segundo documento da época, havia pouco mais de três dezenas de universidades que ofereciam aproximadamente três mil vagas no ensino superior de tecnologia. A maior parte dos estudantes não tinha acesso ao ensino superior. Os cursos de pós-graduação eram raros. Assim, a criação da UnB pretendia ser uma resposta concreta do setor público à nova realidade produtiva nacional: criava-se uma Universidade cuja estrutura acadêmica era semelhante àquelas já existentes nos Estados Unidos e na Inglaterra. A recém-criada Universidade tinha como objetivo maior contribuir para o desenvolvimento econômico e tecnológico do País.

No início dos anos de 1960, a UnB era a única instituição de ensino superior existente no Distrito Federal. Em termos de estrutura acadêmica, dispunha inicialmente de: a) oito Institutos Centrais (Matemática, Física, Química, Geociências, Biologia, Ciências Humanas, Letras e Artes) subdivididos em departamentos; b) seis Faculdades (Arquitetura e Urbanismo; Engenharia; Educação; Direito-Economia-Administração-Diplomacia; Ciências Agrárias e Ciências Médicas); e, c) oito órgãos complementares (Biblioteca Central (BCE), Rádio, Museu da Ciência, Editora Universidade de Brasília (EDU), Aula Magna, Habitações e Estádio). Todos os alunos iniciariam suas atividades acadêmicas nos Institutos Básicos onde concluiriam seus cursos (de curta ou longa duração ou doutorado) ou, ainda, cumprido o ciclo básico, cursariam o nível de formação nas Faculdades. Naquela época, já havia a previsão de oferta de 26 cursos de doutorado[3] pela Universidade.

---

fronta o povo brasileiro na luta pelo desenvolvimento; b) preparar especialistas altamente qualificados em todos os ramos do saber, capazes de promover o progresso social pela aplicação dos recursos da técnica e da ciência; c) reunir e formar cientistas, pesquisadores e artistas e lhes assegurar os necessários meios materiais e as indispensáveis condições de autonomia e de liberdade para se devotarem a ampliação do conhecimento e à sua aplicação a serviço do homem." (UnB, 1962).

[3] Antropologia, Sociologia, Psicologia, Economia, Política, História, Filosofia, Demografia, Lingüística, Filologia, Literatura, Geografia, Geologia, Geofísica, Paleontologia, Pedologia,

Em 2003, a UnB tem um corpo discente de 22.226 alunos vinculados aos cursos de graduação e 3.860 registrados nos cursos de pós-graduação oferecidos pelos seus 10 Institutos e 12 Faculdades (UnB, *http://www.spl.unb.br*, setembro de 2003). É uma Universidade pública de médio porte, mas que alcança níveis significativos de desempenho nas avaliações realizadas por diversas instituições de fomento. Suas atividades de pesquisa, apesar da exigüidade de dados e informações internas, credenciam-na como uma das mais atuantes instituições de investigação científica do País. Nesse mesmo ano, existem no Distrito Federal 68 instituições de ensino superior, incluindo a UnB e outros órgãos públicos desenvolvendo pesquisas, destacando-se o Instituto de Pesquisa Econômica Aplicada (Ipea) e a Empresa Brasileira de Pesquisa Ambiental (Embrapa). A administração do patrimônio imobiliário da Fundação mantenedora e o estímulo à prestação de serviços a outras instituições públicas se não garantem a total autonomia da Universidade em relação ao Orçamento geral da União (Neiva, 2003), pelo menos lhes asseguram a superação de grande parte das dificuldades enfrentadas pelas demais instituições públicas de ensino superior.

Apesar do seu inequívoco processo de desenvolvimento, a Universidade de Brasília vem enfrentando, ao longo dos últimos anos, sérias dificuldades relacionadas ao crescimento desarmônico de suas atividades acadêmicas e de prestação de serviços e, ainda, a existência de restrições institucionais que são obstáculos ao processo de desenvolvimento institucional. Tais dificuldades seriam mais facilmente superadas a partir da implantação de um sistema integrado de planejamento que atendesse ao planejamento estratégico, tático e operacional da UnB. A afirmativa anterior é aceita pela comunidade universitária, apesar de experiências tecnicamente bem conduzidas – iniciadas em 1993,1998 e 2002[4] – terem enfrentado obstáculos à sua institucionalização.

Meteorologia, Anatomia e Fisiologia, Bioquímica e Farmacologia, Bacteriologia e Microbiologia, Citologia e Genética, Botânica e Zoologia-ecologia, Entomologia e Parasitologia, Matemática, Física e Química.

[4] Em 1993, a implantação do planejamento estratégico da UnB foi coordenada pelos professores Guilherme Vivacqua – Administração (ADM), Michelangelo Trigueiro – Sociologia (SOL) e Geralda Dias – História (HIS). Em 1998, o planejamento estratégico da UnB foi redefinido sob a coordenação dos professores Gileno Fernandes Marcelino – Administração (ADM) e Eduardo Tadeu Vieira – Contabilidade (CCA). Em 2002, a condução do planejamento institucional continua sob a responsabilidade desses últimos.

Este estudo pretende identificar os óbices institucionais à implementação do processo de planejamento, analisar os caminhos alternativos adotados pela UnB para superar tais obstáculos e avaliar as possibilidades de aperfeiçoamento do sistema de planejamento da UnB, a curto e médio prazos.

2.2 Evolução das propostas de planejamento institucional. De 1985 a 2002

A análise dos documentos institucionais revela que, nos anos 1960 e 1980, foi estruturado na UnB um sistema de planejamento, de natureza tática e operacional, que atendia aos aspectos orçamentário e financeiro da execução das atividades acadêmicas e administrativas. O planejamento era feito em ciclos anuais e concluído com a publicação de relatórios sobre a execução de atividades em todas as Unidades. Em meados dos anos oitenta, a antiga Assessoria de Planejamento e Controle (APC), responsável pela condução do processo de planejamento, foi extinta, sendo suas atribuições remetidas a outros órgãos, criados à época. Nos anos 1990, a UnB recriou a Assessoria de Planejamento transformada, em 1997, em Secretaria de Planejamento ligada diretamente ao Reitor.

As mudanças estruturais ocorridas na área de planejamento tiveram reflexo no nível e intensidade das atividades de planejamento desenvolvidas na Universidade em meados dos anos 1980. Com a extinção do sistema de planejamento institucional, ocorrida em meados de 1980, as atividades de planejamento passaram a ser feitas de forma assistemática, estando nas unidades de administração central e voltadas, quase exclusivamente, ao cumprimento de exigências externas.

No início dos anos 1990, verificam-se tentativas mais freqüentes de recuperação das atividades de planejamento, em pelo menos três ocasiões distintas e, em todas elas, não há registro formal de detalhamento além do nível estratégico. Não foram encontrados, também, registros oficiais da concepção e implantação de algum sistema de planejamento, no período de 1985 a 2002. Em relação ao impacto institucional decorrente de tais atividades, apenas a experiência do período de 1993 a 1997 foi analisada.

Em 1992, foi iniciada a experiência de implantação de uma proposta de planejamento estratégico na Universidade de Brasília. Naquela ocasião, as instituições de ensino público superior enfrentavam dificuldades de financiamento e fazia-se necessário criar alternativas de desenvolvimento institucional que favorecessem a ampliação da captação de recursos e a modernização da UnB (UnB, 1994). Foi realizado um amplo diagnóstico institucional, envolvendo representantes de todas as unidades e de todos os segmentos da comunidade universitária, e definida a proposta institucional de atuação. A proposta de planejamento estratégico, debatida naquela ocasião, foi imediatamente publicada. Dificuldades internas impediram a estruturação do processo de planejamento na forma proposta pelos responsáveis. Apesar disso, a experiência ensejou profundas mudanças institucionais (Miranda, 1997).

Em termos nacionais, houve nesse período mudanças significativas em relação ao ensino superior brasileiro e à promoção do desenvolvimento científico e tecnológico no País. Em relação ao primeiro, verifica-se que o MEC introduziu o Sistema de Avaliação de Cursos que tornou público o desempenho de estudantes universitários e as condições institucionais em que o ensino superior era praticado no País. Foram alterados, também, os critérios adotados pelo MEC para o financiamento do ensino público superior, adotando-se novo modelo de alocação de recursos, baseado no desempenho das Instituições, em termos de quantidade de alunos formados e da definição de tempo médio de formação dos alunos (Vieira,1999). O aumento do número de instituições de ensino, decorrente da necessidade de ampliação das oportunidades de acesso ao ensino superior, provocou, em todo o País, o crescimento exponencial do número de instituições de ensino superior particulares. No que tange ao desenvolvimento científico e tecnológico, a criação dos fundos setoriais foi um marco na definição da nova política para esta área, uma vez que viabilizou a alocação de maior volume de recursos ao desenvolvimento de pesquisas estratégicas e deu visibilidade e transparência à concorrência por recursos institucionais. Essas iniciativas exigiam das instituições de ensino e pesquisa, como condição de habilitação à concorrência e disputa por recursos públicos, o desenvolvimento de um novo processo de planejamento institucional.

Em 1998, foi feito o realinhamento do planejamento estratégico da UnB, a partir da constatação de que a Instituição enfrentava dificuldades internas resultantes: do crescimento acelerado das atividades acadêmicas, ocorrido no período de 1993 a 1997; da ampliação da captação de recursos; da insuficiência de espaço físico; e do pouco dinamismo de áreas estratégicas. O diagnóstico básico do planejamento estratégico foi feito em encontros de planejamento com gestores das Unidades Centrais e, posteriormente, em duas unidades de ensino. A proposta consolidada não foi publicada, mas orienta a execução das atividades durante todo o período de gestão, sendo seu impacto avaliado parcialmente (UnB, 1998).

Em 2002, a Universidade resolve promover o realinhamento do planejamento estratégico, a partir de uma proposta de implantação de um sistema de planejamento institucional. A experiência ainda está em curso e será detalhada nas próximas seções.

2.3 Requerimentos básicos do sistema de planejamento universitário

A definição e a implantação do novo sistema de planejamento foi antecedida por duas pesquisas distintas: a primeira, de natureza documental, recuperou e analisou textos relacionados às propostas anteriores de planejamento, suas etapas e suas dificuldades. A segunda, feita com base em pesquisas não estruturadas junto a gestores selecionados, teve a finalidade de identificar a percepção das lideranças sobre as dificuldades enfrentadas na institucionalização das experiências anteriores. Os resultados alcançados no desenvolvimento das duas atividades são descritos sucintamente, a seguir.

Foi possível analisar o material disponível nas experiências de 1993 e 1998, sendo avaliados os resultados dos diagnósticos, as propostas de planejamento estratégico apresentadas, as estruturas de planejamento propostas (mesmo quando não formalizadas) e os relatórios finais ou parciais relativos aos resultados alcançados. A partir da análise, foi possível identificar alguns pontos que, à primeira vista, podem justificar as dificuldades enfrentadas:

a) o planejamento era percebido de forma negativa pela comunidade universitária: ora considerado apenas uma mera formalidade "burocrática", cumprida para atender exigências dos colegiados superiores e dos organismos externos, ora como interferência direta na autonomia das unidades acadêmicas e administrativas;

b) a alta hierarquia da Instituição encarava o planejamento como uma atividade de rápidos resultados, acreditando, aparentemente, que, uma vez deflagrada, traria, de imediato, resultados palpáveis a serem exibidos à comunidade;

c) em ambas as experiências analisadas, a implantação do planejamento estratégico foi a primeira – e única – atividade do sistema de planejamento formalizada na Universidade;

d) as propostas de planejamento foram definidas pela Administração, a partir de subsídios coletados com a comunidade (1993) ou com os gestores administrativos (1998). Assim, a participação efetiva dos representantes das unidades de ensino e pesquisa limitava-se à apresentação de sugestões;

e) as propostas de planejamento estavam centradas na resolução dos problemas internos da Instituição, a partir dos elementos detectados nos encontros de planejamento. A visão predominantemente interna era reflexo da visão da comunidade que ainda via a UnB como a única universidade do Distrito Federal, ignorando o crescimento do setor ocorrido na década de noventa;

f) o comprometimento da alta gestão da instituição foi apenas formal o que não garantiu as condições mínimas de formalização das propostas de planejamento estratégico definidas;

g) os pontos de restrição ao desenvolvimento institucional apontados pelos participantes dos diagnósticos não foram trabalhados, de forma sistemática, pela administração superior da Instituição.

A implantação do sistema de planejamento institucional foi considerada condição essencial para que se procedesse ao realinhamento do planejamento estratégico, a partir da análise das experiências anteriores da Instituição. A avaliação de tais experiências, apoiada por entrevistas não estruturadas a gestores das áreas acadêmica e administrativa, evidenciou que:

a) a definição de planejamento deveria ser abrangente, ampliando-se além dos limites do planejamento estratégico. Os gestores sentiam necessidade de contar com instrumentos que orientassem a decisão e a execução de suas atividades. Argumentava-se que a definição exclusivamente estratégica não era instrumento suficiente para orientar a gestão da UnB;

b) o novo sistema deveria conter os elementos essenciais exigidos pelas agências de fomento e pelos órgãos de acompanhamento e avaliação para permitir a unificação de documentos múltiplos e, algumas vezes, contraditórios, apresentados pela Universidade à avaliação interna e externa;

c) o diagnóstico das necessidades institucionais deveria considerar tanto os aspectos internos associados à gestão universitária, quanto as questões mais relevantes para a área educacional e o desenvolvimento científico e tecnológico;

d) a transparência e a publicidade presentes no ambiente externo (Ministério da Educação (MEC) e Ministério da Ciência e Tecnologia (MCT)), a partir da sistemática de divulgação de dados e informações na *web*, eram condições básicas de gestão almejadas pelos gestores universitários entrevistados;

e) a garantia de continuidade das atividades financiadas com recursos orçamentários era considerada elemento essencial ao pleno desenvolvimento de atividades acadêmicas e administrativas;

f) a limitação de verbas disponíveis era um dos obstáculos ao envolvimento de gestores, que encaravam a restrição orçamentário-financeira como impeditiva ao desenvolvimento do planejamento;

g) o respeito às prioridades de cada Unidade era levantado como pré-requisito ao envolvimento dos gestores universitários.

Os resultados da análise deram os elementos para a definição de uma nova abordagem institucional do planejamento, que possibilitou a estruturação de um sistema integrado de planejamento institucional. Esse sistema teve, na literatura disponível sobre planejamento, inteligência competitiva e gestão do conhecimento a base teórica para adequar-se às necessidades e expectativas da comunidade universitária[5].

---

[5] A definição e a implantação da base teórica do novo sistema de planejamento considerou Mintzberg (2000), Montgomery (1998), Hills (1998), Marcelino (1998 e 2001), Oliveira (2001), Prahalad (1998).

2.4 Metodologia adotada na definição da arquitetura do sistema de planejamento da UnB[6]

A análise das experiências de planejamento da UnB, apresentada em seções anteriores, serviu de base para a concepção do novo sistema de planejamento institucional. Esse processo foi iniciado quando a administração superior da instituição convocou um grupo de técnicos[7] para, sob a coordenação da Secretaria de Planejamento, desenvolver um novo Plano de Desenvolvimento Institucional (PDI) para a Universidade. Os membros do grupo escolheram o responsável técnico pela experiência e passaram a atuar na definição da estrutura, na definição dos elementos integrantes e na definição do cronograma do processo de planejamento institucional.

Em termos de características gerais, foi estabelecido que o sistema de planejamento a ser definido e implementado deveria:

a) aproveitar os aspectos positivos identificados nas experiências anteriores, partindo-se do princípio de que a nova proposta seria o resultado do aprendizado organizacional, nos termos constantes da teoria da criação do conhecimento organizacional (Nonaka, 1997, p. 61);
b) implementar um sistema de planejamento cujos instrumentos alcançassem o curto, o médio e o longo prazo;
c) adotar mecanismos de estabilização do sistema, com o objetivo de garantir a execução e a permanência dos projetos elaborados pelas unidades e incluídos na linha de financiamento aprovada nos colegiados;
d) promover a reestruturação (Porter, 1998, p. 253) do planejamento estratégico.

---

[6] Baseado no conceito apresentado por Prahalad (1998, p. 311): "É um roteiro do futuro que identifica as competências essenciais que devem ser formadas e seus constituintes tecnológicos".

[7] Integravam o Grupo Técnico de Planejamento: Prof. Eduardo Tadeu Vieira (Secretário de Planejamento da UnB), Elisabeth de Araújo Ferreira (Coordenadora de Planejamento e Avaliação da SPL), Hélio Marcos Neiva (Assessor do Conselho Diretor da FUB e do Decanato de Administração) e Nair Aguiar de Miranda (Assessora do Reitor e Responsável Técnica pela Implantação do Sistema de Planejamento). O Professor Gileno Fernandes Marcelino atuou como consultor interno na definição da proposta.

Foi definido que o planejamento da Universidade de Brasília seria participativo, na medida em que deveria envolver todas as unidades (acadêmicas e administrativas); estaria alinhado, em todos os níveis, aos objetivos institucionais; buscaria alcançar a transparência completa do processo de gestão; privilegiaria as áreas finalísticas da Instituição, aceitando integralmente suas propostas; respeitando as prioridades que estabelecessem; estimularia a completa implantação dos planejamentos das unidades, mesmo daqueles não incluídos no horizonte de financiamento[8]; e propiciaria o envolvimento dos colegiados superiores no desenvolvimento de políticas institucionais.

A estruturação do novo sistema de planejamento da UnB foi iniciada em janeiro de 2002, tendo sido dividida em três fases distintas:

a) a elaboração da arquitetura do sistema de planejamento universitário, ocorrida nos meses de janeiro a maio de 2002, tendo por objetivo estabelecer o roteiro das atividades, ciclos e produtos a serem desenvolvidos pela UnB. Naquela oportunidade, foi definida a tecnologia de informação a ser adotada a médio e longo prazo;
b) a implementação do sistema que compreendeu a implantação dos instrumentos de planejamento e o processo de avaliação das informações constantes dos bancos de dados. Essa fase foi desenvolvida no período de maio a dezembro de 2002;
c) a avaliação permanente e a institucionalização do sistema de planejamento universitário, iniciada em dezembro de 2002, deverá estender-se até 2006. Essa fase compreende todas as atividades voltadas ao aperfeiçoamento da estrutura e dos instrumentos integrantes da proposta. Nela serão implantados, a curto e médio prazo, modernos instrumentos de gestão que permitam à UnB alcançar os objetivos a que se propôs.

[8] O conceito de horizonte de financiamento estabelecido no Plano considera que as unidades podem definir livremente seus projetos. A UnB, no entanto, possui limites de financiamento que estabeleceriam quais os projetos que, a longo prazo, seriam financiados. Os projetos não incluídos nesse horizonte seriam aprovados, mas a sua execução estaria condicionada à captação de novos recursos.

A definição, implantação e avaliação do novo sistema de planejamento teve início em janeiro de 2002 e as principais fases e etapas dos trabalhos desenvolvidos constam do quadro, a seguir.

As novas ferramentas implementadas, a partir de 2002, estão inseridas na reestruturação do processo de planejamento, ampliado além do nível estratégico. Esse processo abrange um novo ciclo de atividades, extensivo às unidades acadêmicas e administrativas.

O novo processo de planejamento da UnB compreende os seguintes níveis: o planejamento estratégico, o planejamento tático e o operacional (ver Figura 1).

Quadro 1 – UnB: Fases e atividades do processo de planejamento universitário

Fases	Atividades
1. Elaboração da arquitetura do sistema de planejamento da UnB	1. definição do sistema de planejamento e aprovação da proposta pela administração superior da UnB (janeiro e fevereiro/2002); 2. definição dos instrumentos de planejamento (março/2002); 3. coleta de informações para estruturação da base de dados e dos instrumentos do sistema de planejamento (abril e maio/2002).
2. Implementação do sistema de planejamento da UnB	1. implementação dos instrumentos de planejamento junto às unidades administrativas e acadêmicas (maio e junho/ 2002); 2. análise da consistência e integralidade da base de informações e teste de viabilidade dos instrumentos implementados (junho a outubro/2002); 3. realização da 1ª correção da base de dados feita pelos gestores das unidades integrantes do sistema de planejamento (agosto e setembro/2002); 4. realização do 1º treinamento dos representantes das unidades (setembro/2002); 5. aprovação da proposta do sistema de planejamento pela administração superior e pelos colegiados superiores da UnB e da FUB e indicação da Câmara de Administração e Finanças como órgão colegiado do planejamento, para análise e avaliação dos planos PDI, PQ e PAA (novembro/ 2002); 6. implementação dos instrumentos de acompanhamento e avaliação do sistema e publicação da 1ª prestação de contas anual do novo sistema de gestão da Universidade (outubro e dezembro).

Fases	Atividades
3. Institucionalização do sistema de planejamento	1. análise do planejamento institucional da UnB e do Plano Anual de Atividades 2003, pela Câmara de Administração e Finanças (fevereiro e março/2003); 2. realização da 2ª correção das propostas de planejamento das Unidades, adequando-as aos critérios de alocação discutidos na CAF; 3. aprovação, pelo Conselho Universitário da UnB, dos instrumentos de planejamento: o Plano de Desenvolvimento Institucional (PDI 2002 a 2006), o Plano Qüinqüenal (PQ 2002-2006) e dos Planos Anuais de Trabalho de 2003 a 2006 (setembro 2003); 4. realização do 2º treinamento das unidades (setembro a novembro de 2003); 5. elaboração e publicação da versão final dos planos institucionais e divulgação ampla, via web (agosto a novembro/2003); 6. implantação dos mecanismos institucionais de flexibilização e atualização permanente do sistema de planejamento da UnB, a partir dos parâmetros definidos no Plano Qüinqüenal da Instituição (2004 a 2006).

Figura 1 – UnB: Descrição do sistema de planejamento universitário

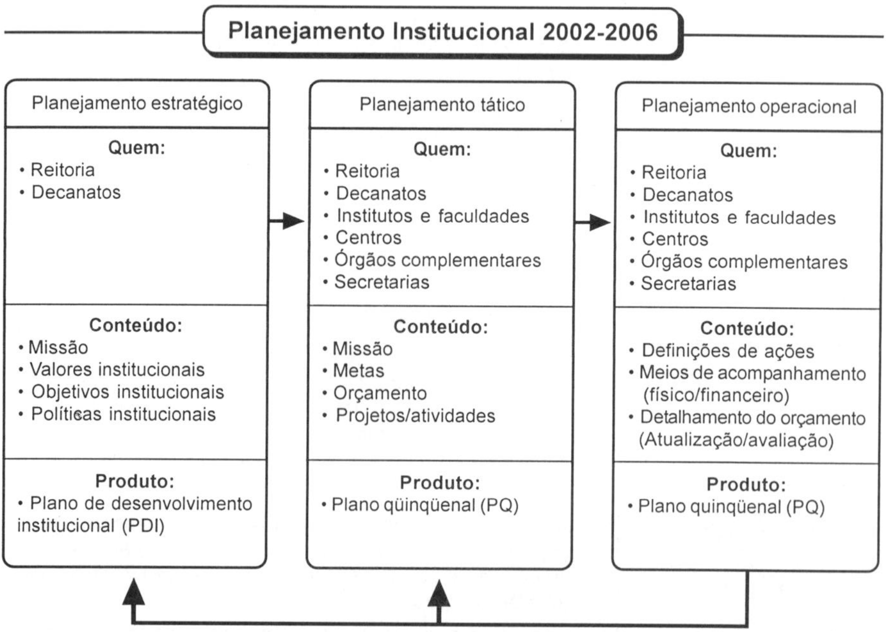

O planejamento estratégico será elaborado pela Reitoria, a quem caberá a definição da missão, dos valores, dos objetivos e das diretrizes institucionais, com base em consultas à comunidade.

O planejamento tático é elaborado por Institutos, Faculdades, Órgãos Suplementares, Centros e Secretarias e, em última instância, pelos Decanatos. Essa fase do planejamento deve ser feita de modo a integrar as ações estratégicas e táticas. As atividades de planejamento nesse nível abrangerão todas as unidades da Instituição e compreenderão o período de 2002 a 2006 (Plano Qüinqüenal).

A elaboração do planejamento operacional é atribuição das unidades participantes da fase anterior e das subunidades que as integram, que respondem pela implementação das atividades e pelos projetos previstos. O horizonte temporal é anual, sendo que essa etapa do planejamento norteia a divisão de verbas orçamentárias no âmbito da UnB.

2.5 Implantação do sistema de planejamento

O projeto de implantação do novo sistema de planejamento da Universidade de Brasília foi concebido para ser implementado em três fases: elaboração da arquitetura do sistema de planejamento da UnB; implementação do sistema de planejamento da UnB; e, institucionalização do sistema de planejamento. Buscava-se, inicialmente, alcançar, no período de dois anos, a implementação completa do sistema e, ao longo dos três exercícios subseqüentes, garantir as bases para a institucionalização do sistema.

Assim, na fase de elaboração da arquitetura do sistema de planejamento da UnB foram cumpridas as seguintes etapas:

a) análise crítica das experiências anteriores e identificação dos resultados alcançados (elementos positivos) e obstáculos enfrentados (elementos negativos) pela Instituição no desenvolvimento das experiências anteriores de planejamento;
b) identificação nos diagnósticos anteriores das características, potenciais e pontos de restrição ao desenvolvimento institucional (história do planejamento na Instituição, cultura organizacional, elementos estruturais);

c) mapeamento das restrições superadas, dos obstáculos remanescentes e, ainda, dos potenciais existentes. Nas experiências anteriores, os principais obstáculos apresentados pelos participantes dos encontros de planejamento foram: recursos financeiros insuficientes, pessoal técnico qualificado em quantidade limitada; pessoal desmotivado (docente e técnico), espaço físico inadequado e deficiente comunicação institucional;
d) realinhamento do planejamento definido em 1998 compreendendo: a redefinição da missão, dos objetivos e das diretrizes estratégicas. Naquela ocasião, foram acrescentadas as definições dos valores e da postura estratégica institucionais;
e) definição da base de informações necessárias à alimentação dos planejamentos tático e operacional da UnB. Nessa etapa, foi incluído, também, o instrumento para atualização, pelos gestores, do diagnóstico de suas unidades e da Universidade como um todo. Todos os gestores de unidades foram acompanhados e orientados individualmente sobre a elaboração de suas propostas de planejamento;
f) identificação dos elementos constituintes da nova proposta de planejamento: resgate da importância individual e das categorias; implantação de processo de melhoria contínua; redução de desperdícios;
g) definição da matriz de planejamento e da tecnologia de informação a ser adotada na implementação e acompanhamento do planejamento institucional;
h) elaboração de cenários e escolha daquele que serviria de base ao processo de planejamento institucional[9].

---

[9] A Universidade de Brasília trabalhou com três cenários distintos: o primeiro, mais conservador, tinha como elemento básico a manutenção da Universidade no mesmo patamar orçamentário financeiro observado para 2001 e permanência das restrições externas ao crescimento institucional; o segundo considerava a possibilidade de aumento de sua arrecadação, estabelecimento de controles da receita arrecadada e melhoria de posicionamento na matriz de alocação de recursos do MEC; o terceiro, otimista, admitia elevação da arrecadação pela prestação de serviços, melhoria de desempenho, redução de desperdícios e levantamento das restrições externas ao crescimento das Instituições Federais de Ensino Superior (IFES). O Conselho de Administração aprovou, em 2002, como base para o planejamento o segundo cenário.

A fase de implementação do sistema de planejamento da UnB, iniciada a seguir, teve como etapas básicas:

a) implementação dos instrumentos de planejamento junto às unidades administrativas (decanatos, secretarias, órgãos de fiscalização e assessorias), centros (unidades de natureza acadêmica que desenvolvem atividades de ensino e pesquisa); unidades arrecadadoras (órgãos voltados à captação de recursos) e unidades acadêmicas (Institutos e Faculdades). Nessa etapa, foram feitas a análise de coerência e de consistência das informações enviadas pelas unidades, pelo Grupo técnico de planejamento; e a atualização e correção das propostas feitas pelos gestores de unidades;
b) preparação dos gestores de áreas para análise e consolidação das informações obtidas junto às unidades acadêmicas, administrativas e arrecadadoras. A princípio, foram definidas nove áreas: ensino de graduação, ensino de pós-graduação, pesquisa, extensão, assuntos comunitários, planejamento e informação, recursos humanos, obras, estruturas organizacionais e prestação de serviços. Análise de coerência e de consistência das informações enviadas pelas unidades, feitas pelos gestores de áreas do planejamento e pelo Grupo técnico (GT). Atualização das propostas de planejamento das áreas, para garantir a consolidação e a coerência das propostas;
c) implementação do Relatório trimestral de planejamento, instrumento de avaliação parcial do Plano Anual de Atividades das Unidades. Todos os gestores de unidades foram treinados, individualmente, para a elaboração do documento, pela Coordenação de Assuntos Gerenciais da SPL;
d) implementação do Relatório anual de gestão da Universidade elaborado pelo Grupo técnico. O Relatório foi inicialmente avaliado pela Câmara de Administração e Finanças, em seguida, devolvido aos gestores para complementação sendo, finalmente, consolidada a sua versão final pelo GT. No início de 2003, o Relatório anual de gestão foi divulgado na Internet.

A fase de institucionalização do planejamento universitário ainda está em desenvolvimento, sendo que sua implementação cumpriu, até o momento, as seguintes etapas:

a) aprovação da proposta de planejamento nos colegiados superiores da UnB e da FUB, sua mantenedora;
b) incorporação de outras unidades colegiadas como instâncias de aprovação das propostas de planejamento ou de verificação da base técnica da proposta. Como instância de aprovação, foi definido e aprovado o envolvimento da Câmara de Administração e Finanças (CAF). Como colegiado técnico, está em fase de avaliação da eficácia e eficiência a existência de um grupo responsável pelo acompanhamento da execução, integrado por representantes do Decanato de Administração e Finanças, do Gabinete do Reitor, da Auditoria, das Diretorias de Orçamento, Contabilidade e Finanças e Material;
c) desenvolvimento de programas de capacitação dos servidores das unidades, com os objetivos de aperfeiçoar e consolidar os instrumentos de planejamento e acompanhamento implementados;
d) aprovação, na CAF e no Conselho Universitário (Consuni), do calendário de atividades a serem desenvolvidas, pelas unidades, no âmbito do sistema de planejamento da UnB, até 2006;
e) definição e aprovação, nos colegiados superiores, dos instrumentos de atualização permanente e aperfeiçoamento dos instrumentos de planejamento adotados pela UnB.

Cabe destacar, em relação a essa fase, que ainda não foi possível definir a abrangência e o conteúdo da matriz de indicadores. A coleta dos elementos integrantes desse instrumento foi iniciada junto com a definição do planejamento das unidades. Até o momento, não foi possível captar as informações mínimas indispensáveis à estruturação da referida matriz.

2.6 Definição dos instrumentos de planejamento

O sistema de planejamento da UnB conta com sete instrumentos: seis relacionados à elaboração, à atualização e ao acompanhamento dos planos institucionais elaborados pelas unidades administrativas e acadêmicas e um associado à avaliação das atividades desenvolvidas, tanto pelas unidades quanto pela Instituição.

São instrumentos associados à elaboração do planejamento institucional e das unidades acadêmicas e administrativas:

a) Matriz de planejamento: Documento sintético usado para garantir a consistência das bases do planejamento estratégico da UnB. Serve como orientador na classificação dos projetos idealizados pelas unidades, em relação à proposta global da Universidade;
b) Plano de Desenvolvimento Institucional (PDI): contém as definições estratégicas da UnB e as metas a serem alcançadas a longo prazo. Serve de elemento orientador do planejamento institucional e como instrumento de divulgação, na comunidade, dos principais objetivos a serem alcançados. É aprovado pelo Conselho Universitário da UnB e pelo Conselho Diretor da FUB;
c) Plano Qüinqüenal (PQ): contém os projetos apresentados por todas as unidades. Esses projetos estão associados aos objetivos institucionais e metas institucionais de longo prazo, sendo geridos institucionalmente pelos responsáveis pelas dez áreas em que se estrutura o acompanhamento do planejamento a médio e longo prazos. No PQ, os projetos e metas plurianuais das unidades são detalhados em períodos anuais que permitem o acompanhamento e o replanejamento dos projetos e das atividades propostos. O Plano Qüinqüenal é aprovado pelas mesmas instâncias do PDI e sua operacionalização deve ser o elemento chave na elaboração dos orçamentos anuais;
d) Plano Anual de Atividades (PAA): consiste no detalhamento do Plano Anual de Atividades para cada ano. Sua primeira versão é elaborada simultaneamente ao PDI e ao PQ da Instituição. Ao final de cada exercício, a avaliação e a reestruturação do PQ permitem a atualização dos planos anuais subseqüentes. O PA do primeiro exercício do qüinqüênio é utilizado na definição da linha de financiamento dos projetos aprovados pelas unidades. As mudanças subseqüentes são acompanhadas pela Câmara de Administração e Finanças da UnB.

São instrumentos associados ao acompanhamento do planejamento da UnB e de suas Unidades:

a) Relatórios Trimestrais de Planejamento (RTP) são instrumentos elaborados pelas cinqüenta e duas unidades envolvidas no planejamento. Esses relatórios são cumulativos e identificam o grau de alcance das metas anuais definidas pelas unidades; o volume de recursos dispendidos no desenvolvimento dos projetos elaborados; os entraves institucionais ao desenvolvimento das atividades; as medidas corretivas sugeridas pelos gestores finalistas a serem adotadas pela administração superior. Esse instrumento permite que seja acompanhada a arrecadação de cada unidade, as atividades desenvolvidas pelas fundações de apoio existentes e, ainda, o volume de renúncia de receita assumido pela UnB, na execução de suas atividades;
b) Relatório anual de gestão é elaborado com base no último Relatório trimestral de avaliação do exercício e a uma avaliação institucional do grau de alcance do planejamento executado pelas unidades individualmente e pela Universidade como um todo. Dele consta, além do acompanhamento das atividades relacionadas ao ensino, à pesquisa e à extensão, a avaliação da evolução do patrimônio e dos projetos estratégicos definidos pela Fundação Universidade de Brasília.
c) Seminário anual de planejamento deverá ser realizado no terceiro ano do período de planejamento, com o objetivo de analisar a harmonia e a consistência entre o planejamento e a execução plurianual, de promover a atualização ou revalidação do diagnóstico estratégico institucional, e, finalmente, de identificar as possíveis macrocorreções a serem feitas no processo de planejamento, a longo prazo.

O instrumento básico de avaliação da Universidade de Brasília, de suas unidades e da mantenedora deverá ser a matriz de indicadores institucionais, ainda em fase de definição e implantação. A idéia básica é que essa matriz contenha indicadores gerais relativos aos objetivos, áreas e diretrizes institucionais. Os indicadores poderão permitir a avaliação da performance das diversas unidades, garantindo a homogeneidade de avaliação dos diversos níveis institucionais.

2.7 Considerações finais sobre o planejamento da UnB

A Universidade de Brasília desenvolveu, ao longo dos últimos anos, experiências destinadas a garantir a implantação de atividades de planejamento estratégico. A partir da análise de tais experiências, os gestores universitários optaram por implementar, a partir de 2002, um novo sistema de planejamento institucional que, respaldado em novas bases conceituais e metodológicas, apoiasse o processo de gestão institucional e contribuísse para o desenvolvimento institucional.

As novas bases conceituais deveriam garantir que o novo sistema de planejamento universitário seria o elemento integrador das propostas de unidades dispersas aos objetivos e políticas institucionais, agindo como catalizador dos projetos elaborados pelas unidades acadêmicas e administrativas.

A participação das unidades seria voluntária e as prioridades na implementação dos projetos, definidas por elas e garantidas como um dos pilares do novo sistema. Além disso, procurou-se garantir a flexibilidade dos instrumentos, a avaliação permanente e a divulgação fiel dos resultados como bases do novo sistema. A administração superior da Instituição garantiu, ainda, que os projetos apresentados não seriam rejeitados por insuficiência de recursos, afirmando envidar esforços no sentido de captar recursos institucionais que viabilizassem a execução daqueles projetos não incorporados ao horizonte de financiamento imediato do plano. Finalmente, foi assegurado o respeito às prioridades definidas pelos colegiados das unidades acadêmicas e pelos gestores das áreas administrativas.

A avaliação do desempenho de todas as unidades envolvidas seria realizada, ao nível macro, com base na contribuição de cada uma para o alcance dos objetivos e diretrizes institucionais. Ao nível micro, foi dada ênfase à auto-avaliação, a ser elaborada a partir da utilização de indicadores relacionados aos objetivos por ela apresentados.

Após a definição e a implementação do novo sistema, admitia-se que a UnB passaria a ser gerida por meio de suas funções tradicionais e mediante a gestão de projetos estratégicos implementados ao nível de grandes áreas. Ao longo do qüinqüênio, deveriam ser implementados programas de melhoria contínua em todas as áreas, sistemas de mensuração de custos para todas as atividades desenvolvidas e, finalmente, programas de redução de desperdícios em todas as áreas.

Previa-se, ainda, o envolvimento progressivo de unidades acadêmicas e administrativas. Foi estabelecido, originalmente, que todas as unidades deveriam ser estimuladas a integrar o processo de planejamento até meados do terceiro exercício do qüinqüênio.

Os resultados alcançados até o momento superaram, em muito, as expectativas mais otimistas. Todas as 52 unidades que deveriam ser incorporadas ao sistema, já o foram ao final do primeiro ano. Todas as unidades, em níveis diferenciados de envolvimento e domínio do instrumento, apresentaram sugestões para o aprimoramento do sistema e participaram da elaboração dos instrumentos de acompanhamento trimestral e anual. Foi bastante elevado o nível de envolvimento de unidades administrativas e acadêmicas na atualização e no aperfeiçoamento da proposta de planejamento, ao final do segundo ano.

Em termos de desenvolvimento de programas de melhoria contínua, nove grandes unidades administrativas e de captação de recursos definiram projetos a serem imediatamente iniciados.

Em termos de retardamento na implementação de projetos institucionais, verifica-se a implantação de projetos de qualidade, do sistema de avaliação e da operacionalização das rotinas.

Apesar das limitações apresentadas, verifica-se, em relação ao sistema de planejamento da UnB, o elevado envolvimento da comunidade universitária, refletido no envolvimento das unidades e respectivos órgãos colegiados. É indiscutível que o sistema de planejamento da UnB é um poderoso instrumento de gestão que viabilizará a consecução dos objetivos e metas institucionais a curto, médio e longo prazos.

Capítulo 3

Metodologia do planejamento estratégico

Gileno Fernandes Marcelino

A metodologia utilizada pelo processo de planejamento da FA está fundamentada na literatura e na prática do Planejamento e Administração Estratégico (PAE), considerando algumas adaptações que visaram facilitar a sua operacionalização, resumida a seguir.

Para análise dos ambientes externo e interno, missão, diretrizes e plano de ação, várias reuniões foram previamente agendadas, nas quais se discutiu um aspecto específico do planejamento, de acordo com os passos seqüenciais da metodologia adotada (Figura 1). A discussão de cada tema foi orientada com base em questionários estruturados.

No desenvolvimento dos trabalhos utilizou-se a técnica de *brainwriting*, visando facilitar a obtenção do consenso geral sobre os temas abordados.

• **Descrição da técnica de *brainwriting***

A técnica de trabalho em equipe designada como *brainwriting* possui algumas semelhanças com a técnica de *brainstorm*, que já é bem conhecida. A diferença básica está em que, na primeira técnica, as idéias são colocadas por escrito pelas pessoas e não enunciadas verbalmente, como na segunda. O termo *brainwriting* não possui uma tradução apropriada em português, mas seu principal objetivo é o de facilitar o trabalho em equipe para o desenvolvimento de soluções de problemas e mudanças, dando maior produtividade à geração de idéias e à construção de um consenso coletivo, a partir das colaborações dos membros da equipe. O Quadro 2 mostra uma comparação entre as características das duas técnicas citadas.

Quadro 2 – As técnicas de *brainwrinting* e *brainstorm*

Aspecto	Técnica de *brainwriting*	Técnica de *brainstorm*
Objetivo:	Gerar um grande número de idéias relacionadas a um assunto.	Idem.
Meio de comunicação:	Escrito.	Verbal.

Aspecto	Técnica de *brainwriting*	Técnica de *brainstorm*
Tempo necessário:	Menos de um hora.	Idem.
Papel do facilitador:	Muito fácil, pois as pessoas mais inibidas escrevem suas idéias de maneira bem resumida.	Relativamente fácil, se as pessoas evitarem fazer comentários sobre as idéias dos outros. Relativamente difícil, se as pessoas tiverem dificuldade de defenderem suas idéias verbalmente.
Documentação:	Bem feita, desde que todas as pessoas escrevam todas as suas idéias.	Bem feita, desde que sejam registradas, por escrito, todas as idéias dos participantes.

Fonte: Marcelino, 1980.

- **Descrição da dinâmica de grupo**

Para a aplicação dessa técnica de *brainwriting* são formadas pequenas equipes de cinco ou seis pessoas (no máximo, sete) às quais se distribui um questionário previamente preparado com a descrição sumária do problema a ser resolvido.

A técnica compreende três fases:

a) Na primeira fase, geralmente denominada de grupo nominal, as pessoas ficam organizadas em pequenos grupos, mas trabalham individualmente – e daí vem a denominação. Cada pessoa procura escrever as próprias idéias sobre o problema, evitando-se toda comunicação com os demais membros do grupo. Isso facilita a criatividade, a partir de uma maior reflexão sobre o tema proposto, e evita algumas desvantagens do *brainstorm*, como a contaminação pelas idéias dos demais membros ou a prevalência de alguns membros em detrimento de outros.

b) Na segunda fase, as pessoas discutem as idéias elaboradas individualmente dentro dos pequenos grupos, procuram eliminar as redundâncias e obter um consenso sobre as idéias mais relevantes, resumindo e consolidando-as num quadro que será utilizado na fase seguinte. Cada grupo obtém, assim, um resultado parcial em torno dos temas.

c) Na terceira fase, os grupos formados reúnem-se em plenária num espaço mais amplo. Os quadros obtidos na fase anterior, contendo as idéias de cada grupo, são colocados à vista de todos. Segue-se um amplo debate em que são progressivamente consolidadas todas as idéias levantadas pelos grupos, obtendo-se como resultado uma única lista que deverá conter o resumo de todas as idéias consideradas relevantes sobre o assunto.

Com base nesse referencial metodológico de planejamento estratégico, o plano estratégico da FA foi elaborado, em dez conjuntos de atividades inter-relacionadas, conforme mostra a Figura 1. O processo de formulação do plano estratégico para a FA foi desenvolvido observando os passos abaixo:

1) Cenários prospectivos do futuro da FA.
2) Definição da missão institucional da FA.
3) Análise ambiental externa: ameaças e oportunidades.
4) Análise ambiental interna: pontos fortes e pontos fracos.
5) Definição dos objetivos estratégicos.
6) Estratégias e visão do futuro – o cenário planejado.
7) Elaboração de programas, projetos e metas.
8) (Re)desenho organizacional.
9) Orçamento estratégico.
10) Plano de implantação.

3.1 Conceitos sobre cenários

Cenários são imagens de futuro, configuradas a partir da combinação coerente entre hipóteses sobre os prováveis comportamentos de variáveis determinantes de um sistema. Trata-se da descrição de um futuro possível, imaginável ou desejável, para um objeto e seu contexto e para o caminho ou trajetória que o conecta com a situação de origem.

Os cenários constituem um referencial para o planejamento estratégico das organizações, pois proporcionam antecipações de situações futuras para que os tomadores de decisões possam preparar e adequar as organizações, visando enfrentar as diversas possibilidades de mudanças, inclusive as que possam eventualmente representar grandes rupturas no ambiente de atuação. São ferramentas úteis para o planejamento estratégico e para a gerência estratégica em tempo real, servindo tanto para a antecipação de crises como para apoiar estudos de mercado, negociações, análise de projetos e treinamento de pessoal.

Embora a construção de cenários seja reconhecida como uma abordagem útil, não se conhecem metodologias de ampla aplicação para tal. Nesse caso, o ponto de partida seria examinar a posição de autores sobre a questão do futuro.

As reflexões de Drucker são, nesse caso, bastante pertinentes e elucidativas: "sabemos duas coisas sobre o futuro: que não se pode saber o que será, e que será diferente do que existe agora e do que esperamos" e acrescenta:

> 1. Qualquer tentativa de basear as ações e os compromissos de hoje em predições de eventos futuros é fútil. O melhor que temos a fazer é prever os efeitos futuros de eventos que já aconteceram e são irrevogáveis. 2. Mas, precisamente porque o futuro vai ser diferente e não pode ser previsto, é que é possível fazer acontecer o não projetado e o imprevisto. Tentar fazer o futuro acontecer é arriscado; mas é uma atividade racional. É menos arriscado do que continuar a trajetória com a confortável convicção de que nada vai mudar; é menos arriscado do que se pautar por uma predição do que "deve" acontecer ou do que "é mais provável" (Drucker, 2002).

Ressalta que o planejamento de longo prazo não visa (e nem pode visar) a eliminação da incerteza, mas afirma que "o propósito da tarefa de construir o futuro não é decidir o que deve ser feito amanhã, mas o que deve ser feito hoje, para que haja um amanhã" (Drucker, 2002). Assinala ainda que isto pode ser feito segundo duas abordagens diferentes e complementares: pela antecipação de um futuro com base no que já aconteceu no passado, e pela abordagem empreendedora ou do "fazer o futuro acontecer".

Primeira abordagem – Pela antecipação de um futuro com base no que já aconteceu no passado

Consiste em "descobrir e explorar a lacuna temporal entre o aparecimento de uma descontinuidade na economia e na sociedade e o seu impacto total"(Drucker, 2000). Considerando que

> há uma lacuna temporal entre um grande evento social, econômico ou social e o seu impacto total. Um crescimento pronunciado ou uma queda pronunciada na taxa de natalidade não vai causar nenhum efeito na mão-de-obra disponível por quinze ou vinte anos. Mas a mudança já aconteceu. E somente uma catástrofe – uma guerra ou uma epidemia, por exemplo – poderia evitar o seu impacto futuro (Drucker, 1974).

Essas oportunidades do futuro são chamadas de **potencial**. Entretanto, esse potencial, esclarece o autor, não estaria no ambiente interno da organização, mas no ambiente externo: as mudanças na sociedade, conhecimentos, cultura, setores ou estruturas econômicas.

Decorreriam de importantes mudanças, de um rompimento no padrão, que poderiam ser encontradas por meio de uma busca sistemática. "E onde quer que encontremos uma mudança fundamental que ainda não causou grande impacto devemos perguntar: há oportunidades aqui que poderíamos e deveríamos antecipar"?

> A primeira área a examinar é sempre a população. (...) As mudanças na população são as mais fundamentais – para a mão-de-obra, para o mercado, para as pressões sociais, para as oportunidades econômicas. (...) O tempo de espera pessimista entre as mudanças populacionais e o seu impacto é conhecido. Transcorrerão no pessimista cinco ou seis anos antes que a taxa de natalidade comece a pressionar o sistema escolar; mas a pressão virá, com certeza (Drucker, 2002).

Também, pode-se procurar pelo futuro no campo do conhecimento. As ciências comportamentais e a teoria do aprendizado, como áreas da psicologia, têm apresentado desenvolvimento de novos conhecimentos nesses últimos trinta anos.

Drucker afirma que:

> é provável que esses novos conhecimentos causem impacto não apenas na forma e conteúdo da educação, mas sobre os materiais pedagógicos, equipamentos escolares e projeto arquitetônico das escolas e mesmo sobre a organização e administração da pesquisa (Drucker, 2002).

e aconselha a examinar a estrutura do setor de atuação da organização, perguntando-se: está acontecendo alguma coisa na estrutura do setor que possa indicar uma importante mudança?

Drucker afirma, ainda, que também no interior das organizações "é possível encontrar pistas para os acontecimentos futuros que, embora básicos e irreversíveis, ainda não causaram o seu impacto total"; exemplificando:

> Uma das indicações são os atritos internos. Uma novidade está sendo introduzida – e ela se transforma em fonte de discórdia. Sem querer, alguém tocou num ponto sensível – e é sensível, freqüentemente, porque a nova atividade é o arauto de mudanças futuras e, portanto, está em contradição com o padrão vigente (Drucker, 2002).

Nessa avaliação de Drucker, o poder da abordagem de antecipar um futuro com base no que já aconteceu no passado "é que ela questiona e finalmente derruba premissas, práticas e hábitos profundamente arraigados. Leva à decisão de trabalhar em prol da mudança integral da conduta, se não da estrutura. Leva à decisão de fazer a organização diferente".

Segunda abordagem – Antecipação do futuro com base na mentalidade empreendedora ou "fazer o futuro acontecer"

Essa abordagem, consiste em "impor ao futuro, que ainda não nasceu, uma nova idéia que tenda a dar uma direção e um formato ao que está por vir (Drucker, 2002).

Em essência, trata-se de uma abordagem empreendedora: consiste em criar as coisas de um modo diferente, por meio da incorporação e adaptação à organização de uma economia, uma tecnologia ou um modo de fazer as coisas de forma diferente. Afirma esse mesmo autor que "não precisa ser uma grande idéia; mas tem de ser diferente da norma vigente no momento". A idéia tem de ser empreendedora – uma idéia com potencial e capacidade para produzir os resultados e levada a efeito por meio das ações e do comportamento da organização.

Essa abordagem centrada na visão, ou idéia empreendedora, tem certas características. Primeiramente, afirma o autor que não é tanto uma questão de criatividade, mas principalmente de trabalho persistente.

A criatividade não é a principal questão.

> Há muito mais idéias dentro de qualquer organização, inclusive organizações, do que se possa usar. O que falta, como regra geral, é a disposição de olhar para além dos produtos, para as idéias. Produtos e processos são apenas veículos para a realização de uma idéia.
> É mais trabalho do que genialidade – e está, de certo modo, acessível a todos. É claro que quem tem imaginação terá mais idéias criativas, mas que a idéia imaginativa alcançará o maior sucesso não é uma certeza, de maneira alguma.
> (...) Para fazer o futuro acontecer, temos de estar dispostos a fazer algo novo, de perguntar: o que realmente queremos ver acontecer no futuro e que é bem diferente do que existe hoje? Temos de estar dispostos a dizer: Esta é a coisa certa para acontecer como futuro de nossa organização. Vamos trabalhar para fazê-la acontecer (Drucker, 2002).

Outro aspecto importante: a viabilidade. A idéia tem de ser operacionalmente válida, ou seja, poder ser aplicada imediatamente e ter validade econômica. A idéia deve:

> (...) enfrentar o teste do comprometimento pessoal: acreditamos realmente nela? Queremos realmente ser aquele tipo de pessoa, fazer aquele tipo de trabalho, tocar aquele tipo de negócio? Fazer o futuro acontecer exige coragem. Exige trabalho. Mas também exige fé. Estabelecer um compromisso com o imediato simplesmente não é prático. Não será suficiente para os testes que estão adiante, pois nenhuma dessas idéias é infalível (...).
> A idéia sobre a qual vamos construir a futura organização deve ser incerta; ninguém poderá realmente dizer agora como ela será, se e quando ela se tornará realidade. Deve ser arriscada: ter probabilidade de sucesso, mas também de fracasso. Se não for nem incerta, nem arriscada, simplesmente não é uma idéia prática de futuro, pois o próprio futuro é, em si, incerto e arriscado (Drucker, 2000).
> (...) a não ser que haja comprometimento pessoal com os valores da idéia e fé nesses valores, os esforços necessários não se sustentarão.
> O planejador não deve se tornar um entusiasta e muito menos um fanático. Ele tem de entender que as coisas não acontecem só porque

> ele quer que aconteçam – nem mesmo se ele trabalhar com muito afinco para que elas aconteçam. Como qualquer outro esforço, a tarefa de fazer o futuro acontecer deve ser revisada periodicamente para verificar se a continuação ainda pode ser justificada tanto pelos resultados do trabalho até a data quanto pelos prospectos futuros. (...) Mas as pessoas que trabalham na construção do futuro precisam ser capazes de afirmar com convicção: – É isso que realmente queremos que a nossa organização seja (Drucker, 2002).

Do pensamento de Drucker e suas formas de abordar o futuro das organizações, pode-se inferir que a primeira abordagem refere-se, em linhas gerais, à construção de cenários, enquanto que a segunda compreende, mais apropriadamente, a abordagem tradicional de planejamento estratégico, com ênfase em princípios que poderíamos chamar de "escola empreendedora".

Fica bastante evidente que a antecipação de um futuro com base no que já aconteceu no passado, ou seja, a construção de cenários, implica a exploração de possíveis lacunas temporais entre um ou mais eventos – social, econômico e o seu impacto total. Isso significa examinar o meio ambiente e identificar eventos, no passado mais ou menos recente, que possam provocar mudanças significativas no futuro, em termos de impacto para a organização que é objeto de estudo.

Para desenvolvimento de cenários para a FA, até 2006, propõe-se neste estudo uma metodologia geral, cujas fases são apresentadas em seguida de forma simplificada e adaptada para a situação da FA. As seis fases da metodologia geral para a aplicação da técnica de cenários adotados foram as seguintes:

Definição do escopo e objeto a ser cenarizado – Insere-se a FA em seus limites externos. O primeiro refere-se ao meio ambiente tarefa. O segundo, ao meio ambiente geral.

Análise do ambiente externo – Identificação dos eventos condicionantes do futuro (mundiais, nacionais, regionais, conforme o caso), com base em dados estatísticos sobre a situação corrente e a evolução dos eventos, as ameaças e as oportunidades nos campos (ou variáveis) político, econômico, tecnológico, social, cultural, ambiental;

Análise do ambiente interno – Estudo e avaliação de pontos fortes – ou forças, e pontos fracos – ou fraquezas, do ambiente interno da organização e dos seus impactos e/ou influências dos eventos externos na missão e nas atividades da organização em estudo;

Aprofundamento das análises – Segundo as áreas específicas dos clientes envolvidos;

Desenvolvimento dos cenários propriamente ditos – Identificação de três cenários, enfatizando-se as dimensões ligadas ao ambiente competitivo da organização;

Escolha do cenário considerado mais apropriado – transformação do cenário projetado em visão do futuro da organização, servindo de base para formulação de recomendações sobre as ações a serem desenvolvidas para implementá-lo, referenciando-se nos resultados do processo de planejamento estratégico da organização.

Essa metodologia geral usada para o desenvolvimento de cenários da FA foi re-elaborada e adaptada para as situações concretas de cada ramo de negócio, dependendo do contexto específico. Sendo esta uma das subunidades da UnB, pode-se aproveitar o levantamento e a análise dos fatores ambientais, interno e externo, que constam do Plano de Desenvolvimento Institucional (PDI) da UnB, e focar o estudo no contexto mais específico da FA em relação à UnB.

Esse PDI, elaborado pela Reitoria e pelos Decanatos da UnB, além de estudar os ambientes externos (ameaças e oportunidades) e o ambiente interno (pontos fortes e pontos fracos), estabeleceu as definições de missão, valores, objetivos, políticas institucionais e diretrizes, bem como os indicadores gerais de desempenho para a UnB como um todo. O aproveitamento dessas definições, válidas também para a FA como subsistema da UnB, permite evitar redundâncias desnecessárias e simplificar o estudo de cenários, passando-se, diretamente, à análise e detalhamento da situação da FA no contexto da UnB.

Assim, as fases 2 e 3 dos cenários foram resumidas no estudo da situação da FA no ano 2000, pois serão usados os dados mais recentemente consolidados disponíveis no Anuário Estatístico do ano 2000, da UnB, designado, daqui por diante, como AE-2000.

Neste estudo, realiza-se um extrato dos dados do AE-2000 no que concerne à FA e aos cursos da área de Economia. Procura-se identificar, passo a passo, a situação corrente do ano 2000 e suas projeções evolutivas, que serão utilizadas na fase seguinte para a composição de possíveis cenários para a FA em 2006.

Dessa forma, o presente estudo seguirá o roteiro simplificado em quatro fases:

1º Definição do escopo e objeto a ser cenarizado: a FA em 2006;

2º Estudo de situação da FA em 2002, com base no AE-2000 e identificação das tendências evolutivas para as áreas de ensino (graduação, pós-graduação e especialização), abordando os seguintes aspectos: atividades de extensão, pesquisa e produção intelectual, recursos humanos (corpo docente e corpo técnico-administrativo) e mudanças estruturais e organizacionais;

3º Desenvolvimento dos cenários para a FA em 2006 – formulação de três cenários designados pelas letras A, B e C, com análise e simulações para cada um dos aspetos acima considerados;

4º Escolha do cenário considerado mais adequado e especificação dos principais pontos da visão da FA para 2006 (capítulo 5).

No capítulo seguinte, Cenários prospectivos, busca-se aplicar essa metodologia experimental à formulação de cenários para a FA como subunidade da UnB, os quais servirão como introdução à formulação de visões de futuro para a FA. Esses cenários, entretanto, deverão ser complementados pelo desenvolvimento do planejamento estratégico propriamente dito, conforme os demais capítulos deste estudo.

3.2 O processo de planejamento estratégico

Com base no referencial metodológico de planejamento estratégico, já exposto, o Plano estratégico da FA foi elaborado, composto de dez CONJUNTOS de atividades inter-relacionadas, conforme mostra a Figura 2, a seguir:

Figura 2 – Processo de planejamento estratégico da FA/UnB

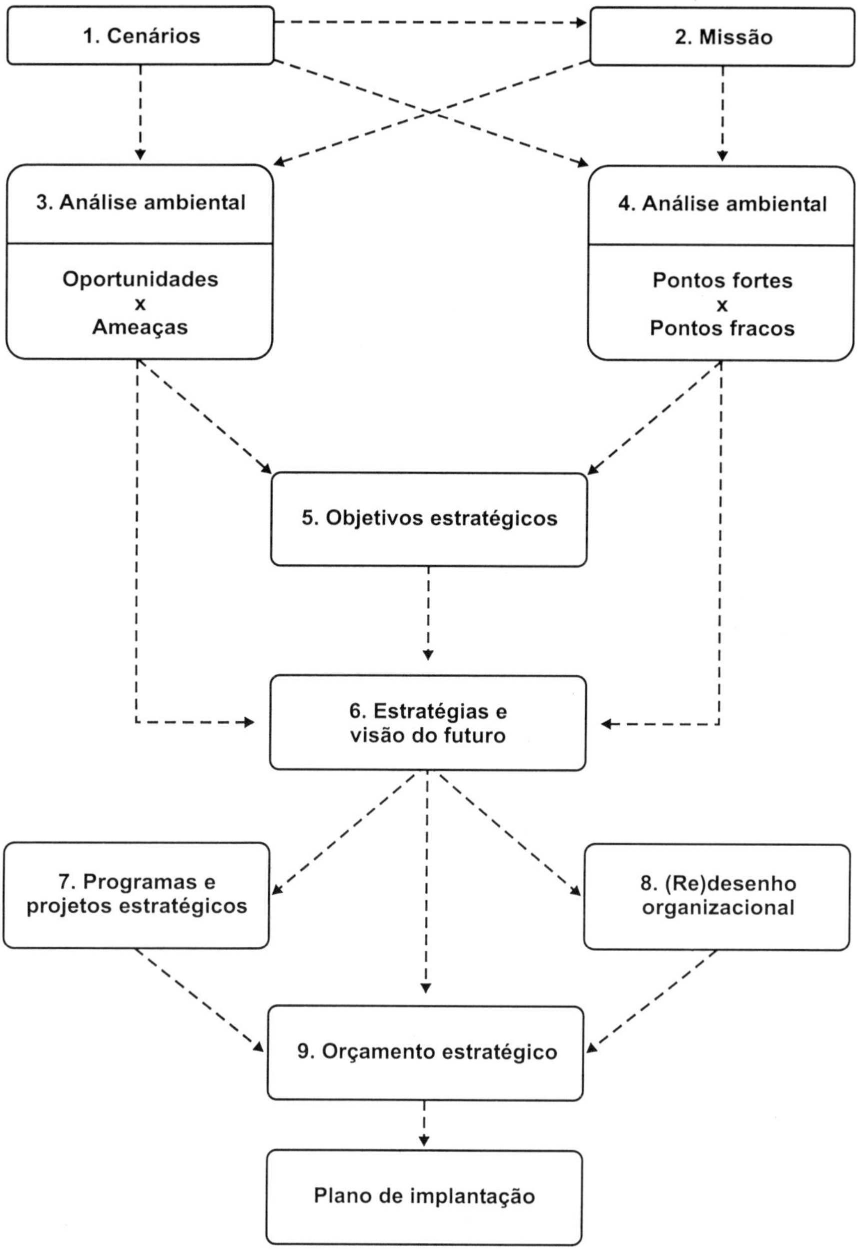

Fonte: Marcelino, 2001. PE da FA/UnB.

3.3 Conceitos básicos do planejamento estratégico

Conforme os itens componentes do plano estratégico da FA foram utilizados os seguintes conceitos, Marcelino (2001).

- Estratégia

É um conjunto coerente e sistêmico de prioridades e regras de decisão que orientam o desenvolvimento e a construção do futuro de uma organização num horizonte de médio e longo prazos. Na elaboração das estratégias, são consideradas as janelas de oportunidades para a obtenção de melhorias na eficácia e na eficiência, traduzidas pelas ações nos níveis tático e operacional. É o determinante primário do êxito ou do fracasso da organização.

- Cenários

São imagens de futuro configuradas a partir da combinação entre hipóteses sobre os prováveis comportamentos de variáveis determinantes de um sistema. Trata-se da descrição de um futuro possível, imaginável ou desejável, para um objeto e seu contexto e um caminho ou trajetória que o conecta com a situação de origem. Na avaliação dos cenários, são consideradas as variáveis econômicas, sociais, políticas e demográficas.

- Missão

É a razão maior da existência de uma organização. É a *função* permanente da organização no contexto da sociedade. É o que a sociedade espera que a organização cumpra. É algo que legitima socialmente a organização. A missão não se confunde com os objetivos estratégicos da organização, que são temporários.

- Objetivos estratégicos

São os resultados prioritários, de médio ou longo prazo, que devem ser realizados ou alcançados no horizonte do planejamento, podendo ser qualitativos ou quantitativos, com uma amarração temporal.

- Oportunidades

São fenômenos ou condições externas, atuais ou potenciais, capazes de contribuir, substancialmente e por longo tempo, para o êxito da missão e/ou objetivos estratégicos e da organização.

- **Ameaças**

São fenômenos ou condições externas, atuais ou potenciais, capazes de prejudicar ou dificultar substancialmente e por longo tempo, a missão e/ou objetivos estratégicos da organização.

- **Pontos fortes ou forças**

São características internas, atuais ou potenciais que auxiliam substancialmente e por longo tempo o cumprimento da missão e/ou objetivos da organização.

- **Pontos fracos ou fraquezas**

São características ou deficiências internas, atuais ou potenciais, que prejudicam ou dificultam, substancialmente, e por longo tempo, o cumprimento da missão e/ou objetivos estratégicos e da organização.

- **Avaliação das opções estratégicas**

De acordo com as características do processo produtivo da organização, com os atributos do produto e com as condições do mercado, cada organização seleciona a estratégia que lhe parece mais conveniente para a otimização de sua relação com o mercado. Assim, haverá sempre uma ou mais estratégias apropriadas para atingir o mesmo objetivo, o que resulta na existência de uma grande variedade de estratégias, cada qual com as próprias linhas de ação.

- **(Re)desenho organizacional**

Refere-se ao ajustamento do modelo de organização, tendo em vista o melhor cumprimento da missão e /ou objetivos da organização. As principais decisões concernentes à adequação da organização em face das estratégias estabelecidas referem-se aos seguintes pontos:

– Tamanho da organização;
– Centralização x descentralização;
– Bases de especialização;
– Tendência atual para organizações: unidades estratégicas de negócios.

- **Programas / projetos estratégicos**

É uma carteira de iniciativas específicas a serem desenvolvidas sob gestão individualizada, visando alcançar condições essenciais para o êxito da estratégia. Devem ser constituídos, preferencialmente, por poucos projetos, mas de grande impacto.

- **A análise ambiental interna**

Procura identificar os pontos fracos e os pontos fortes da organização, a fim de readequá-la para aproveitar as oportunidades externas que surgirem e evitar que ela fique vulnerável às ameaças externas.

- **A análise ambiental externa**

Normalmente pode ser dividida em dois níveis:

a) análise do macro ambiente ou ambiente indireto – Contexto-sócio-político-econômico e cultural do país e do mundo que afeta todas as organizações e de difícil mensuração;
b) análise do contexto operacional ou ambiente direto – Trata-se do contexto específico de uma organização: concorrentes, clientes, fornecedores, empregadores e outros.

3.4 Estrutura do planejamento estratégico da FA

A estrutura hierarquizada de planejamento adotada para a FA compreende três níveis de planejamento, assim caracterizados:

a) **Planejamento estratégico**
Neste nível, a alta administração da organização, assessorada pelos coordenadores e chefes de departamentos, reúne-se para definir os rumos da organização e para definir diretrizes e estratégias, fixando macro-objetivos, que são traduzidos num elenco de programas e projetos prioritários, aos quais se vincula um orçamento estratégico.
b) **Planejamento tático ou integrativo**
Neste nível, os chefes dos departamentos, apoiados pelos respectivos coordenadores de cursos, estabelecem metas,

coordenando a alocação de recursos e de esforços nas áreas em que atuam, fixando prazos para os resultados dos esforços e definindo indicadores para medir tais resultados apropriados às estratégias, especificadas no Plano estratégico.

c) **Planejamento operacional**
Neste nível, o planejamento detalha as ações, estabelecendo o que deve ser feito, quem fará, e como serão alcançados os objetivos e metas propostos pelo Plano tático ou integrativo.

Capítulo 4

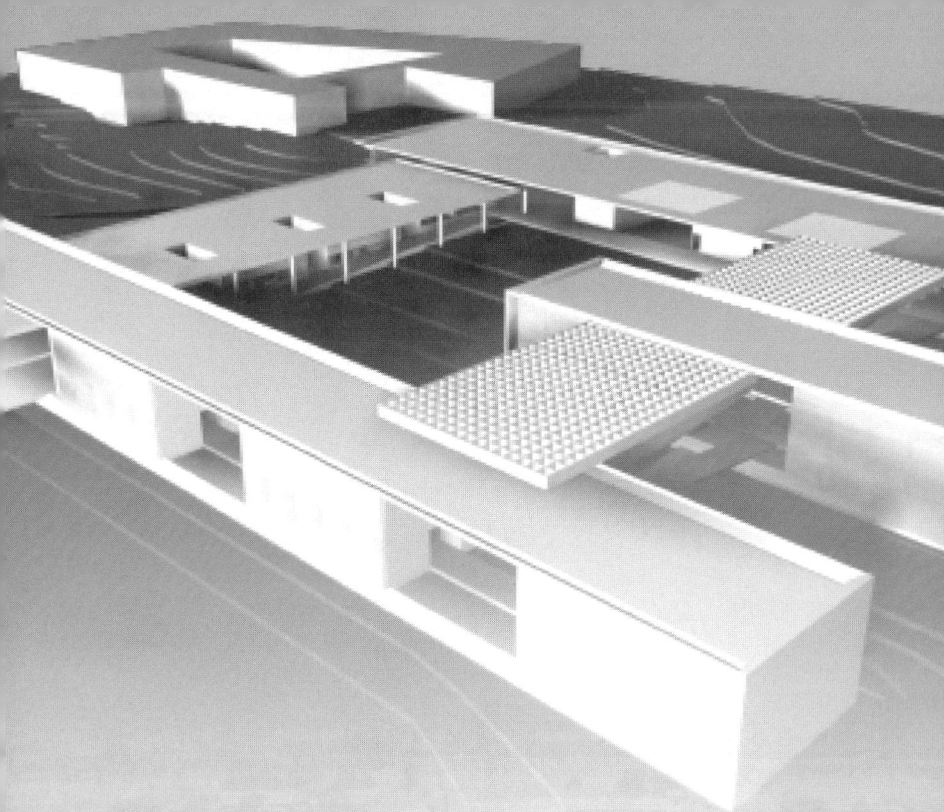

Cenários prospectivos

GRUPO DE ESTUDOS:
Domingos Sávio Spézia
Eber Nora Barcelar
Maria Inês C. Schimmelpfeng
Nauber Nunes do Nascimento

ASSESSORIA DE PLANEJAMENTO:
Solange Maria David

4.1 Estrutura organizacional

A Faculdade de Estudos Sociais Aplicados é constituída por três departamentos, organizados por área de conhecimento: Departamento de Administração (ADM), Departamento de Ciências Contábeis e Atuariais (CCA) e Departamento de Ciência da Informação e Documentação (CID). Três colegiados compõem ainda a FA: Conselho Deliberativo da FA, Congregação de Carreira de Curso de Graduação (CCCG) e Congregação de Carreira de Curso de Pós-graduação (CCCPG). Originalmente, também integravam a FA os departamentos de Direito, Ciências Políticas e Relações Internacionais, os quais, paulatinamente, foram transformados em faculdades ou institutos específicos. A atual estrutura da FA está representada a seguir.

Figura 3 – Organograma da FA/UnB, 2001

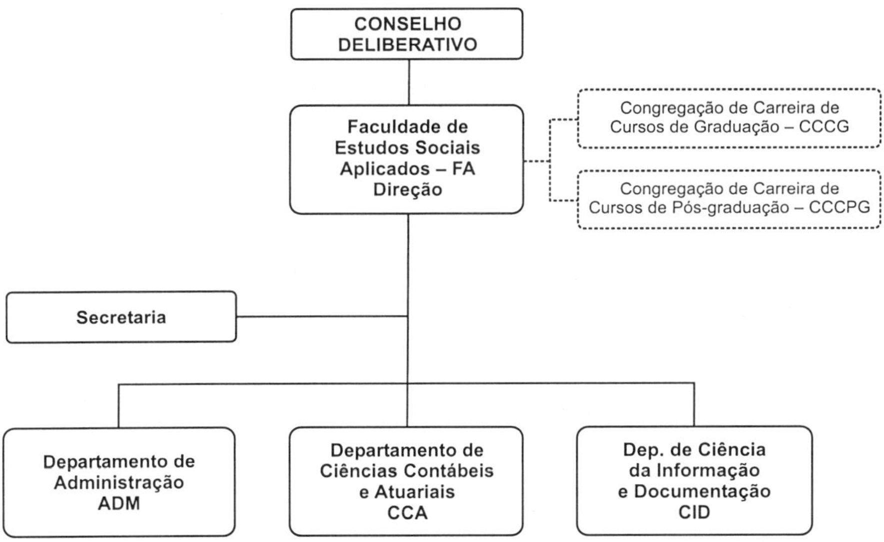

A composição, as atribuições e as competências da FA – relativas às unidades acadêmicas e aos órgãos colegiados – encontram-se definidas no Regimento Geral da UnB, que teve sua versão mais recente aprovada em 14/12/2000. A FA não dispõe de regimento interno próprio, como também não tem manuais de procedimentos administrativos ou padrões de controle administrativo, a não ser aqueles determinados pela Reitoria da UnB. Os limites de competências da FA estabelecidos no Regimento Geral e aqueles relativos ao Diretor, Vice-Diretor, Colegiados e Chefias dos Departamentos apresentam traços de centralização e resultam em grande volume de papéis tramitando entre os departamentos e a FA, o que acaba por concentrar o processo decisório (principalmente) na instância dos colegiados. Esse fluxo, além de sobrecarregar o funcionamento das sessões, implica a perda de agilidade, o que acaba por estimular decisões *ad referendum* por parte do Diretor.

4.2 Principais problemas

4.2.1 Recursos materiais e humanos

Mediante reuniões formais, técnicas de levantamento de problemas e discussões informais, foram identificados os principais problemas pelo corpo docente, discente e técnico da FA os quais estão relacionados em seguida:

- **Insuficiência de professores**

Um dos principais problemas da FA está relacionado à insuficiência de professores do quadro para o atendimento das demandas da Unidade. A defasagem dos salários dos professores vem provocando a evasão de talentos e o conseqüente declínio do número de docentes. Faz-se necessária a complementação do quadro permanente de professores para que, no menor prazo possível, diminua-se a dependência – hoje bastante expressiva – de colaboração de professores-substitutos. É visível a falta de incentivo para a atualização e o aprimoramento dos professores, que também pode ser percebida com relação ao corpo técnico-administrativo.

- **Deficiência de infra-estrutura**

Outro problema relevante diz respeito à infra-estrutura da FA. À inadequação de instalações alia-se a falta de espaço físico suficiente para acomodar as atividades da FA, a dispersão física (departamentos distantes uns dos outros e da direção da FA) e a falta de segurança interna e externa.

Essa dispersão física da FA provoca falta de integração entre os departamentos e, conseqüentemente, entre as diversas áreas de conhecimento. Essa segmentação também pode ser notada nas grades curriculares dos cursos que, em sua maioria, não contemplam uma integração multidisciplinar. Além disso, observa-se uma limitada interação entre docentes e discentes e a predominância, em certos casos, de interesses pessoais em detrimento das metas organizacionais. Percebe-se, também, a falta de maior atratividade com relação ao retorno de ex-alunos à UnB, para a realização de cursos de extensão ou de pós-graduação.

- Restrições orçamentárias

As restrições orçamentárias geram problemas estruturais de obsolescência de instalações, laboratórios e equipamentos e desatualização do acervo da Biblioteca Central. Tanto a implementação quanto a manutenção de algumas linhas de pesquisa estão seriamente comprometidas em razão da escassez de recursos para o financiamento da publicação de livros e trabalhos, para a participação de pesquisadores em congressos e eventos científicos e para o intercâmbio de professores e alunos com outras instituições de ensino nacionais e internacionais.

4.2.2 Recursos informacionais e culturais

As principais dificuldades apontadas durante o processo de planejamento estratégico foram as que se seguem.

A ausência de uma cultura de planejamento e de um processo interno de planejamento estratégico, ou mesmo operacional, que fosse especialmente desenvolvido para a FA, resultou na concentração dos objetivos e das metas estabelecidos formalmente na ocasião da formulação da proposta orçamentária. Esse processo, meramente orçamentário, corresponde à elaboração do orçamento da FA, coordenado pela Secretaria de Planejamento (SPL)/UnB. Tem origem em cada faculdade que especifica suas necessidades de recursos e prevê algumas instâncias de decisão e negociação, compostas pelos vários diretores. Sua finalização acontece na Câmara de Assuntos Financeiros, na Reitoria da UnB.

Entretanto, no que diz respeito aos procedimentos internos de planejamento e dimensionamento de recursos para a FA, não existe um fluxo formal sistematizado, sendo possível, portanto, caracterizar-se esse processo como apenas reativo às solicitações anuais de informações por parte da Secretaria de Planejamento (SPL) para análise da Câmara de Administração e Finanças (CAF). Os recursos destinados a despesas correntes e investimentos são liberados pela Reitoria – Câmara de Assuntos Financeiros (CAF), de acordo com as solicitações e obedecendo a uma "cota" específica para cada unidade acadêmica. Embora formalmente tal cota seja estabelecida e destinada previamente, o que ocorre é que as unidades acadêmicas nem sempre ficam a par do montante destinado às suas necessidades orçamentárias para aquele exercício e, muito menos, do saldo de recursos disponível no decorrer do ano, após a efetivação das realizações orçamentárias.

Durante o processo eleitoral para o cargo de Diretor da Faculdade de Estudos Sociais Aplicados, foi proposto um Plano de Gestão com destaque, entre outros, para os seguintes propósitos, de acordo com Marcelino (2001):

a) integração entre os departamentos que compõem ou que venham a compor a Faculdade, por meio de ações que possibilitem o contato e o intercâmbio entre as diversas unidades e a participação mais ativa dos órgãos colegiados da Faculdade;
b) criação de núcleos ou centros de formação e pesquisa de natureza multidisciplinar em áreas de vanguarda, como "Novas fronteiras da administração pública", "Gestão da inovação tecnológica" e "Sistemas de informação";
c) elaboração de plano estratégico plurianual para o fortalecimento da FA e dos seus departamentos associados, com ampla participação de professores, alunos e técnicos.

Dessa forma, a mentalidade de planejamento e a elaboração deste plano estratégico vêm ratificar a intenção da nova Diretoria da FA em disseminar a cultura de planejamento estratégico e a disposição em promover ampla discussão quanto aos problemas dessa Unidade Acadêmica da UnB e as ações de curto e médio prazo para resolvê-los.

4.3 Definição do escopo e do objeto a ser transformado em cenários

Este estudo de cenários tem como escopo a Faculdade de Estudos Sociais Aplicados, para a qual se deseja obter cenários prospectivos tendo como horizonte o ano de 2006.

Convém, inicialmente, estabelecer os limites do sistema a ser transformado em cenários em relação ao seu ambiente, o que, em termos gerais pode-se considerar em dois níveis ou planos: Primeiro, a FA em relação ao seu ambiente-tarefa. Segundo, a FA em relação ao ambiente geral.

No primeiro nível ou plano, considera-se a FA em relação às entidades com as quais ela mantém uma ligação estreita e freqüente, com influências ou dependências diretas. Na prática, o estudo do ambiente próximo da FA é a própria UnB como um todo, visto que ela é uma das 21 unidades acadêmicas da Universidade, e isso condiciona, significativamente, os recursos e a maioria das ações que são desenvolvidas no âmbito da FA.

Em um segundo nível ou plano, considera-se a FA em relação ao ambiente geral, ou seja, estuda-se a UnB, inserida no contexto mais amplo do ensino superior no Brasil e das realidades regional e local. Procuram identificar as variáveis política, econômica, tecnológica, social, cultural, ambiental, que lhe afetam como sistema e que, conseqüentemente, afetará os diversos subsistemas da Universidade, entre os quais a FA. Na verdade, o cenário da UnB é condicionante do cenário da FA. Há, portanto, uma correspondência entre os cenários da FA e da UnB, na medida em que o planejamento estratégico da FA subordina-se ao planejamento de desenvolvimento institucional da Universidade de Brasília.

Neste estudo, as fronteiras entre a FA e seu ambiente-tarefa foram propositalmente ampliadas para considerar, pelo menos hipoteticamente, a agregação do Departamento de Economia, que atualmente funciona no Instituto de Ciências Humanas (HI), à estrutura da FA em razão de políticas internas que serão examinadas mais adiante.

O horizonte de tempo para implementação desse processo foi fixado até 2006, tendo em vista esse período corresponder ao qüinqüênio da atual gestão administrativa da FA. Após esse período, a FA terá nova Direção,

Figura 4 – Representação do ambiente externo à FA

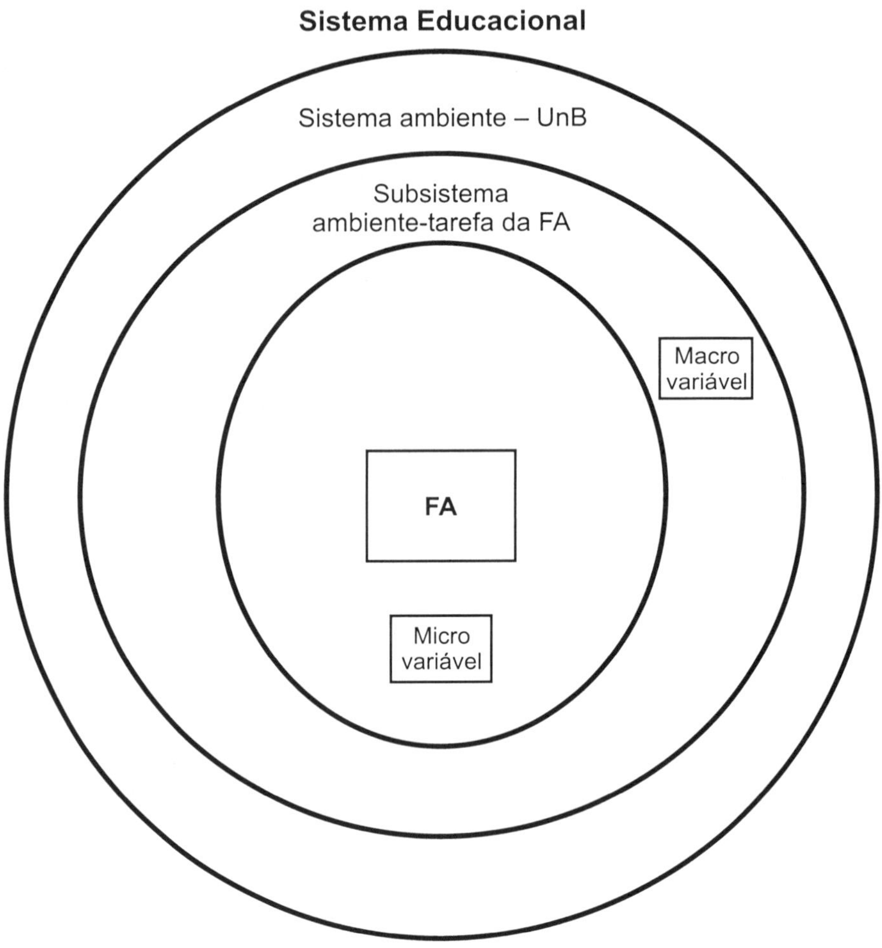

decorrente de eleições, previstas para 2005, o que poderá resultar em revisões das políticas adotadas e, possivelmente, em novo direcionamento para a FA.

Assim, serão desenvolvidos três cenários neste estudo que retratarão as possíveis situações da FA em 2006. Entre esses três será definido um cenário, por ser considerado o factível, que será sugerido como cenário de referência para o planejamento estratégico da FA.

4.4 Identificação dos eventos condicionantes do futuro: variáveis a considerar

As variáveis do meio-ambiente que podem influenciar ou condicionar o futuro de uma organização podem ser consideradas segundo dimensões espaciais (em níveis mundial, nacional, regional e local) e, também, segundo a natureza das forças ambientais que atuam sobre a organização (variáveis demográfica, política, econômica, tecnológica, social, cultural, ambiental). Essas variáveis representam, no caso da FA, as forças do ambiente geral que, atuando sobre a UnB como um todo, condicionam, por sua vez, o ambiente-tarefa da FA, representando ameaças/restrições ou oportunidades em relação à sua missão institucional.

No desenvolvimento dos cenários para a FA, pode-se identificar, no ambiente externo e interno diversas forças – ou variáveis que já estão presentes e atuantes nos eventos em curso, capazes de influenciar o tipo de administração para um horizonte de tempo até o ano 2006. As variáveis mais importantes são as mostradas no Quadro 3, as quais serão discutidas e avaliadas nos tópicos seguintes.

Quadro 3 – As variáveis do ambiente geral

Ambiente	Dimensão espacial	Variáveis
Ambiente geral ou macro ambiente	Global nacional (Brasil)	Variável complexa: o fenômeno da *globalização* e seus impactos sobre o sistema educacional brasileiro, particularmente sobre a formação de nível superior;
		Variável política: eleições para Presidente da República e mudança das equipes dos ministérios;
		Variável político/econômica: a política econômica do futuro governo e seus reflexos sociais, especialmente na área educacional;
		Variável político/social: políticas educacionais do futuro governo, especialmente com relação ao ensino de nível superior e às universidades públicas federais;

Ambiente	Dimensão espacial	Variáveis
Ambiente geral ou macro ambiente	Regionais e locais (DF)	Variável demográfica: crescimento da população nas faixas de 15/19 e 20/24 anos; Variável social: aumento da demanda por educação de nível superior; Variável social: demanda de maior qualificação pelas organizações; Variável econômico/social: expansão do setor educacional privado no Distrito Federal.
		Variável política: reflexos das políticas governamentais com relação à contratação de novos professores para as IES públicas.
Ambiente-tarefa	UnB e FA	Variável político/econômica: restrições orçamentárias das universidades públicas;
		Variável tecnológica: Necessidade de constante adequação dos programas educacionais para melhor atendimento às demandas de qualificação da sociedade e de investimentos em novos recursos tecnológicos;
		Variável política (interna): Mudança na direção geral da FA a cada período de quatro anos e possibilidade de dar continuidade às políticas internas adotadas.

4.5 Estudo das variáveis do ambiente geral

- Globalização e seus impactos sobre o sistema educacional brasileiro

O complexo fenômeno da globalização representa, entre outras coisas, o advento da sociedade do conhecimento, aliado aos avanços tecnológicos e seus desdobramentos no mercado de trabalho que provocaram mudanças no perfil de qualificação da mão-de-obra solicitado pelas organizações e nos currículos das instituições educacionais do Brasil.

Importa examinar criticamente as mudanças e suas implicações ocorridas no setor educacional do Brasil, nas últimas décadas, em especial na educação superior, para se compreender o que essa situação representa hoje em termos de demandas sociais para as universidades públicas, em geral, e para a UnB, em particular.

O exame das estatísticas do Ministério da Educação (MEC) sobre a educação no ensino fundamental e médio dá uma idéia geral sobre o fluxo da educação formal no Brasil e da dimensão aproximada da demanda que esse fluxo acarreta na educação de nível superior.

Segundo o censo educacional do MEC de 2002, o Brasil possuía em 2001, cerca de 32 milhões de jovens matriculados no ensino fundamental e médio, dos quais 8,41 milhões estavam matriculados no ensino médio. Contudo, apenas 1,85 milhões concluíram seus estudos no ensino médio, estando aptos a formação em nível superior.

As opções para a continuação dos estudos dessa população de 1,85 milhões de estudantes são basicamente duas: (a) a formação superior por meio de uma instituição de ensino superior, pública ou privada; (b) e uma formação profissionalizante de nível técnico.

Historicamente, a educação profissionalizante era direcionada à parcela jovem da população pobre, atendendo àqueles considerados socialmente sem condições de ingresso na educação de nível superior. Buscava-se então, por meio dos cursos técnicos, oferecer a opção de qualificação, como trabalhador especializado para o desempenho de tarefas específicas, de modo que pudessem ocupar postos de trabalho num setor produtivo que estava organizado segundo o modelo fordista de produção.

Entretanto, a partir dos anos 1990, com o advento da globalização, da introdução de novas tecnologias, do aumento da competitividade entre as organizações e os países e da reorganização do setor produtivo, sérias necessidades de reajuste surgiram no setor educacional. Essas necessidades de reajuste buscavam atender ao novo perfil de trabalhador que deveria possuir maior número de habilidades intelectuais e relacionais que as habilidades meramente técnicas e manuais. O aumento da competitividade entre as organizações acarretou, portanto, aumento de competitividade no mercado de trabalho com maiores exigências em termos de qualidade de ensino e nível de escolaridade.

A exigência de melhor qualificação dos trabalhadores em todos os níveis trouxe novas questões e necessidades para a educação no Brasil.

Nesse contexto, destaca-se a importância estratégica da educação superior, que deve responder às transformações mundiais, aos novos desafios nacionais e, especialmente, à definição de que tipo de demanda educacional deve ser considerada no planejamento das atividades das universidades públicas, levando em conta as particularidades regionais e locais, e ainda, de que isto representa para a UnB e, especialmente, para a FA.

Para tanto, o estudo do ambiente educacional no Brasil e, especialmente, na região Centro-Oeste e no Distrito Federal, objetiva proporcionar melhor compreensão do fluxo da demanda educacional global sobre a UnB e sobre a FA, como subsídio para a formulação de uma estratégica para a FA.

O ambiente educacional brasileiro pode ser descrito com base nas informações estatísticas disponibilizadas pelo MEC – principalmente por meio do Instituto Nacional de Estudos e Pesquisas (Inep) e da Coordenação de Aperfeiçoamento de Pessoal de Nível Superior (Capes). O quadro do ensino superior no país, compreendendo o ensino de graduação e de pós-graduação, a extensão e a pesquisa, pode ser descrito segundo variáveis quantitativas e qualitativas, utilizando-se um procedimento do geral para o particular (*top-down*). De início, procura-se resumir neste estudo os perfis da educação superior, referentes ao Brasil, à região Centro-Oeste e ao Distrito Federal.

- **A educação superior no Brasil, na região Centro-Oeste e no Distrito Federal**

O censo da educação superior de 2000, realizado pelo MEC, apresenta os números que caracterizam o panorama da educação superior no Brasil. Uma análise desses dados quantitativos, aliados aos registros sobre a qualidade do ensino superior e o relacionamento dos principais problemas, apontados por eminentes educadores, possibilita uma visão ampla sobre a situação atual. Também permite inferir suas tendências futuras, constituindo uma moldura geral para o planejamento estratégico de qualquer instituição educacional e, no caso específico, da FA.

Convém considerar, inicialmente, alguns aspectos mais gerais concernentes ao posicionamento do Brasil em relação a outros países da América Latina, o acesso ao ensino superior no Brasil ainda é restrito em relação a outros países da América Latina. Segundo Luz (2001), somente

11% da população economicamente ativa possui nível superior no Brasil, contra 22% no Chile, 21% da Bolívia, 26% da Venezuela. Em relação aos países da América do Norte, esse índice se contrapõe a 37% nos Estados Unidos e 53% no Canadá.

Para elevar o índice de educação de nível superior no Brasil, o Governo Federal desenvolveu, em 1995, o Plano Nacional de Educação. Esse plano fixa uma meta ambiciosa: fazer que, em 2010, cerca de 30% dos jovens com idade entre 18 e 24 anos possam estar freqüentando uma instituição de educação superior.

Pelas projeções, o Brasil deverá alcançar, em 2004, o patamar de três milhões de matrículas em instituições de ensino superior e, em dez anos, seis milhões de matrículas no ensino superior, ou seja, mais que o dobro do número atual de alunos nos cursos de graduação.

Para desenvolver as políticas públicas para a área de educação, o governo vem realizando um esforço de pesquisa e monitoração das atividades educacionais em todos os níveis, por meio da realização de programas censitários na educação dos diversos níveis. No que diz respeito ao ensino superior, o MEC implantou o Sistema Integrado de Informações da Educação Superior (SIED-Sup), que possibilitou a realização da coleta de dados totalmente pela Internet, utilizando-se um questionário eletrônico preenchido pelas IES.

A partir da realização do censo da educação superior de 2000, o INEP adotou a classificação internacional *Eurostat* da Organização das Nações Unidas para a Educação, a Ciência e a Cultura – (Unesco/OCDE) para todos os cursos superiores, visando definir os currículos universitários em três níveis – áreas gerais de formação, áreas detalhadas e programas de cursos, visando à melhor adaptabilidade e flexibilidade no enquadramento dos cursos superiores existentes e a comparação internacional das estatísticas educacionais brasileiras.

O MEC classificou as IES do país em cinco categorias administrativas, a saber: 1º Universidades; 2º Centros Universitários; 3º Faculdades Integradas; 4º Faculdades, Escolas e Institutos e 5º Centro de Educação Tecnológica. Essas organizações acadêmicas podem ser públicas – federais, estaduais ou municipais, ou privadas – estas últimas compreendendo, por seu turno, os estabelecimentos particulares e as comunidades confessionais e filantrópicas.

O censo da educação superior de 2000 apresenta informações estatísticas para essas organizações acadêmicas, segundo regiões geográficas, totalizando os dados dos Estados, do DF e também do Brasil como um todo.

A análise comparativa dos dados revelados pelo censo da educação superior de 2000 com os dados dos anos anteriores, também disponibilizados pelo Inep, permite revelar diferenças entre as diversas regiões geográficas e estabelecer o posicionamento da UnB sob diferentes aspectos em relação às instituições públicas e privadas.

Os parâmetros mais relevantes analisados ao longo desse estudo, alguns dos quais considerados na formulação dos cenários, são os seguintes:

1) Número de instituições de ensino superior.
2) Número de cursos oferecidos na graduação e na pós-graduação.
3) Número de inscritos no vestibular, de vagas oferecidas e dos que ingressam.
4) Número de matrículas das Instituições de Ensino Superior.
5) Número de concluintes na graduação de ensino superior; no ano anterior.
6) Número de docentes do ensino superior e titulação dos docentes.
7) Número de técnicos no ensino superior.

Nos tópicos seguintes, faz-se o exame dos dados censitários brasileiros e a especificação dos números referentes à região Centro-Oeste e ao Distrito Federal buscando, assim, uma progressiva atenção na área de interesse mais próxima ao planejamento estratégico da FA no âmbito da UnB.

De acordo com o censo da educação superior de 2000, existem no país 1.180 Instituições de Ensino Superior (IES), conforme mostra a Tabela 1:

Tabela 1 – Instituições de Ensino Superior (IES) no Brasil

Categoria de estabelecimento	Total	Capital	Variáveis
Brasil	1.180	435	745
Públicas	176	59	117
- Federais (IFES)	61	38	23
- Estaduais	61	21	40
- Municipais	54	–	54
Privadas	1.004	376	628
- Particulares	698	271	427
- Comunitárias/Confessionais/Filantrópicas	306	105	201

Fonte: Censo da Educação Superior, 2000.

Dados de 2000, da Tabela 1, em relação a 1999, revelam que houve uma expansão do sistema com crescimento geral de 7,6% no número de IES, distribuídas nas capitais e nas principais cidades do interior.

Considerando-se, especificamente, a demanda pelos cursos das instituições federais de ensino superior, o número de candidatos inscritos foi de 1.156.096 para um total de 120.486 vagas o que resultou em 2000, em uma relação média de 9,6 candidatos por vaga. O número dos que ingressam foi de 112.286, em uma proporção de 9,7 vestibulandos por matrículas efetivadas em todas as IES públicas em geral.

Verifica-se, portanto, que a rede de IFES oferece 20,2% das vagas totais e absorve 25,9% das novas matrículas. Entre estas, as universidades federais oferecem 9,9% das vagas totais e recebem 12,5% dos novos ingressos.

Esses números mostram que as IES privadas estão ofertando em torno de 80% das vagas, ou seja, quatro vezes mais vagas que as IES públicas. Entretanto, em número de matrículas efetivadas as IES privadas absorvem cerca de 75% da demanda, enquanto que as instituições públicas matriculam os restantes 25%. O setor privado das IES corresponde, portanto, ao triplo do setor público, em número de matrículas, graças à expansão em ritmo acelerado ocorrida nos últimos anos.

Enquanto isso, os investimentos oficiais do setor público na educação de nível superior não têm sido suficientes para atender ao crescimento anual da demanda. Há falta de expansão no setor público, de modo que a demanda excedente, em geral, tem sido atendida pela ampliação da rede de ensino superior privado.

Com o acirramento da concorrência pelas vagas disponíveis do Brasil, encontram mais chances de ingresso aqueles que realizam os cursos pré-vestibulares regulares e intensivos, normalmente caros, o que acentua ainda mais a desigualdade de oportunidades para aqueles oriundos das camadas mais pobres da população. Segundo o censo do MEC de 2000, a população de estudantes provenientes de famílias pobres, que saem do segundo grau é da ordem de 400 mil pessoas, uma demanda não atendida que representa em torno de 20% do total de estudantes que potencialmente poderiam ingressar no ensino superior.

Tabela 2 – Número de inscrições no vestibular, de vagas e ingressos na graduação das IES do Centro-Oeste

Tipo de IES	Inscritos	%	Vagas	%	Ingressos	%
Centro-Oeste	351.637	100	102.819	100	84.441	100
Pública	184.834	52,5	24.642	24,0	24.010	28,4
Federal	143.825	40,9	16.269	15,8	16.352	19,4
Estadual	39.541	11,2	7.683	7,5	6.999	8,3
Municipal	1.468	0,4	690	0,7	659	0,7
Privada	166.803	47,5	78.177	76,0	60.431	71,6
Particulares	118.436	33,7	57.385	55,8	43.973	52,0
Comunitárias/Confessionais/ Filantrópicas	48.367	8,8	20.792	20,2	16.458	19,6

Fonte: Censo da Educação Superior – MEC, 2000.

A Tabela 2 mostra que, na região Centro-Oeste, 351.637 candidatos disputaram as 102.819 vagas totais, numa relação média nacional de 3,4 candidatos por vaga, praticamente igual à média nacional de 3,3 candidatos por vaga. O número total dos que ingressam em cursos de nível superior foi de 84.441, o que representa um índice de 9% do total nacional de novos ingressos no ensino superior.

Considerando, especificamente nessa análise, o setor público na região Centro-Oeste, 184.834 candidatos disputaram 24.642 vagas, o que representa uma taxa de 7,4 candidatos por vaga, enquanto que no setor privado essa taxa ficou em 2,1. A concorrência pelas vagas das IES públicas é, portanto, igual a 3,5 vezes à verificada no setor privado. Considerando apenas as IES públicas federais, essa relação ficou em 143.825 candidatos para 16.352 vagas, ou uma taxa de 8,8 candidatos por vaga, o que mostra uma concorrência quatro vezes maior que a verificada nas IES privadas.

Verifica-se que cerca de 17.746 vagas da rede privada não foram transformadas em novos ingressos no ano 2000, ou seja, ocorre um índice de ociosidade de 22,6% em relação à oferta total do setor, com uma taxa média de ocupação de 77,4%.

As vagas oferecidas pelas IES públicas (federais, estaduais e municipais), no Centro-Oeste representam 24% do total de vagas na região Centro-Oeste, ao passo que as instituições privadas oferecem 76% das vagas totais. A relação de vagas entre os setores privado e público é de

3,2:1, em vez dos 3,5:1 da média nacional, mostrando que na região Centro-Oeste a oferta de vagas públicas é ligeiramente superior à média nacional.

As IFES do Centro-Oeste atendem em média a 28,4% das novas matrículas contra os 71,6% dos que ingressam que são absorvidos pelas instituições privadas. As particulares matriculam 2,5 vezes mais que as públicas federais.

Ao mesmo tempo, as taxas de crescimento das vagas nas Universidades do setor público federal, nessa região (Universidade Federal de Goiás (UFGO), Universidade Federal do Mato Grosso (UFMT), Universidade Federal do Mato Grosso do Sul (UFMS) e UnB) têm se mantido estáveis nos últimos quatro anos, com crescimento de apenas 1% entre 1997 e 2000. Portanto, a expansão do ensino superior na região Centro-Oeste também vem ocorrendo, principalmente, por meio do aumento da oferta de vagas no setor privado. A tendência é que, a cada ano, a demanda por ingresso nas universidades públicas federais deverá aumentar, principalmente em função dos altos custos da educação oferecida na rede privada.

Das 134 IES sediadas no Centro-Oeste, 38 estão instaladas no Distrito Federal: uma universidade pública federal, a UnB, uma universidade privada confessional, a Universidade Católica de Brasília (UCB) e 36 instituições particulares, conforme a Tabela 3.

Tabela 3 – Número de inscrições no vestibular, oferta de vagas e novos ingressos em IES no Distrito Federal

Inst. de Ensino Superior	Inscritos	%	Vagas	%	Ingressos	%
Distrito Federal	116.942	100	30.689	100	24.945	100
Pública	53.659	45,8	2.995	9,7	2.991	12,0
Federal (UnB)	53.659	45,8	2.995	9,7	2991	12,0
Privada	63.283	54,2	27.694	90,3	21.954	88,0
Particulares	52.159	44,6	23.884	77,8	18.401	73,8
Comunitárias/Confessionas/ Filantrópicas	11.124	9,6	3.810	12,5	3.553	14,2

Fonte: Censo da Educação Superior – MEC, 2000.

Na Tabela 3, o número total de inscrições para o Vestibular 2000, no Distrito Federal, foi de **116.942** candidatos para um total de **30.689** vagas disponíveis em todas as IES, o que corresponde a uma relação de 3,8 candidatos por vaga em 2000, um pouco superior à média nacional de 3,5 candidatos por vaga.

No Centro-Oeste, observa-se que a oferta de **2.995** vagas pela única IES pública federal, a UnB, correspondeu a 9,7% do total das vagas disponíveis no DF. Em número de novos ingressos, a UnB atende a 2.991 novas matrículas enquanto as particulares totalizam 21.954 matrículas, ou seja, a UnB cobre 12% de vagas no setor público do DF, contra 88% de matrículas nas instituições privadas. Assim, verifica-se que as IES privadas efetuam quatro vezes mais matrículas que a UnB e atendem a maior parte da demanda de ensino superior no DF. Isso parece explicar a explosão de novos empreendedores em negócios educacionais no DF.

Em relação às médias da região Centro-Oeste, a oferta de vagas da UnB no Distrito Federal, de 12%, está bem abaixo da média de 31% das vagas oferecidas pelas IES no país e ainda mais abaixo da média de 39% da região Centro-Oeste. Pode-se concluir que, em Brasília, vem ocorrendo concentração maciça de oferta de vagas pelos estabelecimentos privados de forma mais acentuada que nas demais regiões do Brasil.

Tabela 4 – Número de matrículas nos cursos de graduação no Distrito Federal, região Centro-Oeste e Brasil

Tipo de instituições	Número de matrículas nos cursos de graduação					
	Brasil		Centro-Oeste		Distrito Federal	
	Número	%	Número	%	Número	%
Total geral	2.694.245	100	225.004	100	67.250	100
Pública	887.026	33	77.399	34,4	17.777	26,4
Federal	482.750	17,9	55.167	–	–	–
Estadual	332.104	12,3	19.978	–	–	–
Municipal	72.172	2,8	2.254	–	–	–
Privada	1.807.216	67	147.605	65,6	49.493	73,6
Particulares	886.555	–	96.366	–	38.213	–
Comunitárias/Confessional/ Filantrópica	926.664	–	51.239	–	11.260	–

Fonte: Censo da Educação Superior – MEC, 2000.

A Tabela 4 mostra as relações percentuais entre os totais de matrículas – isto é, novos ingressos somados ao número de alunos com cursos em andamento, no país, na região Centro-Oeste e no Distrito Federal, neste último incluída a UnB.

Os números mostram que a rede pública federal responde por um terço das matrículas totais no ensino superior de graduação, enquanto que as organizações privadas detêm os restantes dois terços das matrículas (sendo 1/3 nas entidades comunitárias/confessionais/filantrópicas e 1/3 nas entidades particulares). As IFES têm, em todo país, menos de um quinto (17,9%) das matrículas globais na graduação de nível superior e as instituições privadas respondem por 82,1%.

A Tabela 5 apresenta o número de funções de docência superior distribuído pelas diferentes regiões geográficas:

Tabela 5 – Número de funções docentes do ensino superior na graduação: Brasil, regiões geográficas e Distrito Federal

Instituições de Ensino Superior	Regiões geográficas						
	Brasil	Norte	Nordeste	Sudeste	Sul	Centro-Oeste	DF
Total geral	197.712	7.991	30.981	102.646	40.167	15.927	4.793
Pública	88.154	5.346	23.027	35.944	16.780	7.057	1.627
Federal	50.165	4.089	14.181	17.334	9.555	5.006	1.627
Estadual	33.730	1.188	8.367	16.225	6.176	1.774	–
Municipal	4.259	69	479	2.385	1.049	277	–
Privada	109.558	2.646	7.954	66.702	23.387	8.870	3.166
Particulares	51.380	1.906	4.400	33.114	6.038	5.922	2.539
Comunitárias/ Confessional/ Filantrópica	58.178	739	3.554	33.588	17.349	2.948	627

Fonte: Censo da Educação Superior – MEC, 2000.

Verifica-se, na Tabela 5, que as funções docentes das IES do Centro-Oeste representam 8% do total de funções docentes no país, o que parece ser compatível com os 8,35% do número total de matrículas em cursos de graduação do país. A UnB, única IFES sediada no Distrito Federal, tem 33,9% das funções docentes do DF, o que parece confortável em relação ao índice de 26,4% do total de matrículas em cursos de graduação do DF.

A força de trabalho de técnicos administrativos que atuam no segmento de educação superior, conforme contabilizados pelo Instituto Nacional de Pesquisa (Inep), é mostrada na Tabela 6:

Tabela 6 – Número de técnicos administrativos nas IES, Brasil, regiões geográficas e Distrito Federal

Instituições de Ensino Superior	Regiões geográficas						
	Brasil	Norte	Nordeste	Sudeste	Sul	Centro-Oeste	DF
Total geral	202.888	6.749	32.963	115.002	35.230	12.944	4.197
Pública	117.613	5.003	27.097	60.125	18.527	6.861	1.943
Federal	69.491	4.005	21.236	27.446	11.056	5.668	1.943
Estadual	45.479	952	5.560	31.170	6.787	1.010	–
Municipal	2.723	46	301	1.509	684	183	–
Privada	85.275	1.746	5.866	54.877	16.703	6.083	2.254
Particulares	38.212	1.265	3.328	24.953	4.281	4.385	1.798
Comunitárias/ Confessional/ Filantrópica	47.063	481	2.538	29.924	12.422	1.698	456

Fonte: Censo da Educação Superior – MEC, 2000.

A Tabela 6 mostra que os técnicos das IES da região Centro-Oeste representam 6,4% do número de técnicos das IES de todo o país. A UnB, com 1.943 técnicos (em 2000), tem 46% do total das IES do DF e 0,95% dos que atuam em todas as IES do país.

A relação técnicos por matrículas total é de 1:11 na UnB e de 1:27 nas instituições privadas do DF, de modo que a UnB tem 2,5 vezes mais técnicos por alunos matriculados que as IES privadas.

Tabela 7 – Relações entre os indicadores do ensino superior, Brasil, regiões geográficas, Distrito Federal e Universidade de Brasília

Relações comparativas	Regiões geográficas							
	Brasil	Norte	Nordeste	Sudeste	Sul	Centro-Oeste	DF	UnB
Alunos/Docente Graduação	13,6	14,3	13,3	13,6	3,5	14,1	14,0	13,2
Alunos e Técnicos	13,2	17,4	12,5	12,1	5,4	17,3	–	–

Fonte: Censo da Educação Superior – MEC, 2000.

A evolução dos principais indicadores da educação superior no Brasil, nos últimos dez anos, estão resumidas na Tabela 8:

Tabela 8 – Evolução dos indicadores de resultado na educação superior no Brasil, 1996-2000

Relações comparativas	1991	1994	1996	1998
Inscritos / Vagas no Vestibular – Brasil (%)	3,9	3,9	4,0	3,7
Matrícula Noturno / Matrícula total (%)	62,1	54,6	54,6	55,3
Alunos / Docente na Graduação (%)	12,5	12,2	13,1	13,3
Doc. Mestres e Doutores / Total de Docentes (%)	27,1	38,9	41,1	46,4
Doc. Doutores / Total de Docentes (%)	12,0	15,1	16,2	18,8
Alunos / Técnico (%)	14,3	8,2	8,7	11,6

Fonte: Censo da Educação Superior, 2000.

- O ensino superior na UnB e na Faculdade de Estudos Sociais Aplicados

Tabela 9 – Número de cursos oferecidos, FA e ECO

Cursos	Turno	Data de início do curso	Carga horária curricular exigida	Créditos (total)	Tempo de permanência semestral	
					Mínimo	Máximo
Administração	D	1/3/1962	2.970	198	8	16
Administração	N	1/3/1989	3.300	220	8	16
Arquivologia	N	1/3/1991	2.400	160	6	10
Biblioteconomia	D	1/3/1966	2.700	180	8	14
Ciências Contábeis	D	1/3/1976	2.790	186	8	14
Ciências Contábeis	N	1/8/1994	2.790	186	10	14
Economia	D	1/3/1962	2.670	178	6	14

Fonte: AE-2000, Tabela 2.01.

A Faculdade de Estudos Sociais e Aplicados responde atualmente por 6 cursos de graduação, caracterizados conforme Tabela 9.

Tabela 10 – Número de inscritos, de vagas oferecidas, candidatos por vaga e candidatos selecionados na FA

Tipo de cursos	Turno	Inscritos		Vagas oferecidas		Candidatos vagas		Total anual de candidatos		
		1º Sem.	2º Sem.	1º Sem.	2º Sem.	1º Sem.	2º Sem.	Ins-critos	Selecio-nados	%
Administração	D									
Vestibular		473	671	21	40	22,5	16.8	1.144	61	5,33
PAS*		240	–	19	–	12,6	–	240	19	12,63
Total		713	671	40	40	17,8	16.8	1384	80	17,35

Tipo de cursos	Turno	Inscritos		Vagas oferecidas		Candidatos vagas		Total anual de candidatos		
		1º Sem.	2º Sem.	1º Sem.	2º Sem.	1º Sem.	2º Sem.	Ins-critos	Selecio-nados	%
Administração	N									
Vestibular		720	928	21	42	34,2	22,1	1.648	63	26,15
PAS*		117	–	21	–	5,57	–	117	21	5,57
Total		837	928	42	42	19,9	22,1	1.765	84	21,0
Arquivologia	N									
Vestibular		365	500	20	40	18,2	12,5	865	60	14,4
PAS*		154	–	20	–	7,70	–	154	20	7,77
Total		519	500	40	40	12,9	12,5	1.019	80	12,73
Biblioteconomia	D									
Vestibular		233	408	20	40	11,6	10,2	641	60	10,7
PAS*		167	–	20	–	8,35	–	167	20	8,35
Total		400	408	40	40	10,0	10,2	808	80	10,1
Ciências Contab.	D									
Vestibular		130	372	22	40	10,3	9,3	402	62	6,48
PAS*		33	–	18	–	3,8	–	33	18	1,83
Total		163	372	40	40	7,4	9,3	435	80	5,43
Ciências Contab.	N									
Vestibular		355	605	21	42	16,9	14,4	960	63	15,2
PAS*		71	–	21	–	3,4	–	71	22	3,2
Total		426	605	42	42	10,1	14,4	1.031	85	12,1
Total Vestibular		2.373	3.484	125	244	19,0	14,3	5.857	369	15,9
Total PAS*		818	–	119	–	6,9	–	818	120	6,8
Total – FA		3.191	3.484	244	244	13,0	14,3	6.675	488	13,7

Fonte: Anuário Estatístico da UnB, 2000.
* Programa de Avaliação Seriada (PAS).

Tabela 11 – Número de inscritos, de vagas oferecidas, candidato por vaga e candidatos selecionados do ECO

Unidade acadêmica e curso	Forma de ingresso	Número de Inscritos		Número de vagas		Candidatos por vaga %		Total anual de candidatos		
		1º Sem.	2º Sem.	1º Sem.	2º Sem.	1º Sem.	2º Sem.	Ins-critos	Selecio-nados	% rel. à UnB
Economia (IH)	Vestibular	251	325	21	40	11.9	8,1	576	61	2,0
	PAS	76	–	19	–	4.0	–	76	19	2,0
Subtotal		327	325	40	40	8.2	8,1	652	80	8,38

Fonte: Anuário Estatístico da UnB, 2000.

Pelo Anuário Estatístico (AE) de 2000 da UnB, verifica-se que a UnB registrou um total de 3.901 candidatos selecionados por meio do vestibular e do Programa de Avaliação Seriada (PAS). Assim, a FA teve no ano 2000 uma média de 12,5% de todos os candidatos selecionados da UnB, por meio de dois processos seletivos. Se considerado também o curso de Economia, esse percentual chega a 14,5% do total dos novos ingressos da UnB pelo vestibular e pelo PAS. A FA foi a unidade com maior oferta de vagas no ano 2000, dentre todas as 21 unidades acadêmicas da UnB. A inclusão do curso de Economia na FA acarretaria ainda um aumento do tamanho e da complexidade da FA, tornando maior seu peso relativo no contexto da UnB, na área de graduação.

De acordo com as Tabelas 10 e 11, verifica-se que FA ofereceu em 2000 um total de 488 vagas nos seus 6 cursos, ao passo que o curso de Economia ofereceu 80 vagas. Considerando os dados de 2000 como base, obtém-se um total de 568 vagas para a FA em conjunto com o curso de Economia, como projeção para a hipótese de agregação deste último à estrutura da primeira.

Segundo o Anuário Estatístico (AE) de 2000 da UnB, as taxas médias de crescimento do número de vagas oferecidas pelos cursos da Universidade nos últimos três anos foram de 22,33% (1998), 23,675% (1999) e 24,89% (2000). Portanto, para 2001 seria razoável considerar que essa taxa média de crescimento alcance um total de 25%.

A Tabela 12 mostra o ingresso de alunos nos cursos de graduação da FA, por meio do vestibular, do PAS e de outras vias, como transferências obrigatórias e/ou facultativas.

Tabela 12 – Número de matrículas e forma de ingresso nos cursos de graduação – FA e ECO

FA cursos	Turno	Formas de ingresso									Total geral
		Vestibular			PAS*			Outras*			
		1º Sem.	2º Sem.	Total	1º Sem.	2º Sem.	Total	1º Sem.	2º Sem.	Total	
Adm. Organização	D	21	40	61	19	–	19	17	12	29	109
Adm. Pública	D	–	–	–	–	–	–	–	–	–	–
Administração	N	21	42	63	21	–	21	6	10	16	100

FA cursos	Turno	Formas de ingresso									Total geral
		Vestibular			PAS*			Outras*			
		1º Sem.	2º Sem.	Total	1º Sem.	2º Sem.	Total	1º Sem.	2º Sem.	Total	
Arquivologia	N	20	40	60	20	–	20	–	–	–	80
Biblioteconomia	D	20	40	60	20	–	20	–	2	2	82
Ciências Contábeis	D	22	40	62	18	–	18	2	1	3	83
Ciências Contábeis	N	21	42	63	22	–	22	4	3	7	92
Total FA		125	244	369	120	–	120	29	28	57	546
Ciências Econômicas	D	21	40	61	19	–	19	80	12	13,0	92
Total		146	284	430	139	–	139	569	69	10,8	638

Fonte: Anuário Estatístico da UnB, 2000, p. 38.
* Programa de Avaliação seriada (PAS).
* Transferências obrigatórias/facultativas.

A FA é a unidade acadêmica da UnB com maior número de ingressos de alunos por meio do vestibular, PAS e outras vias (546), vindo em seguida a Faculdade de Tecnologia (503) e o Instituto de Letras (376).

A Tabela 13 apresenta o número total de alunos que ingressam e o número de alunos que se formam nos cursos de graduação da FA no ano de 2000:

Tabela 13 – Número de calouros e formandos, FA e ECO

Cursos	Turno	Calouros			Formandos		
		1º Sem.	2º Sem.	Total ano.	1º Sem.	2º Sem.	Total ano
Administração	D*	57	52	109	36	32	68
Administração Pública	D*	–	–	–	3	2	5
Administração	N*	48	52	100	32	22	54
Arquivologia	N*	40	40	80	19	25	44
Biblioteconomia	D*	40	42	82	16	23	39
Ciênc.Contábeis	D*	42	41	83	22	28	50
Ciênc.Contábeis	N*	47	45	92	15	21	36
Total FA		274	272	546	143	153	296
Ciências Econômicas	D*	47	45	92	21	29	50
Total FA+ECO		321	317	638	164	182	346

Fonte: Anuário Estatístico da UnB, 2000, p. 38.
* D – Diurno * N – Nortuno

Segundo as informações do Anuário Estatístico da UNB, 2000, a relação formandos por os que ingressam da FA é de 54%, enquanto a relação da Faculdade de Tecnologia é de 34% e a do Instituto de Letras é de 49%.

Considerando a inclusão do curso de Economia na estrutura da FA, o número dos que ingressam passaria a 638 e o total de alunos formandos seria 346, mas a relação de formandos por que ingressam seria mantida em 54%.

Para efeito de comparação da evolução do ingresso de alunos pelo vestibular, PAS e outras vias em 2000 na UnB como um todo, segundo o AE-2000, a taxa média de crescimento anual no período de 1996 a 2000, foi de 17,8%. Dessa forma, pode-se estimar como bastante razoável um incremento de 8% no número de ingressos de alunos, para efeito de projeções futuras, já incluindo o curso de Economia.

O maior incremento médio anual da UnB como um todo deve-se, provavelmente, à criação de novos cursos na Universidade; de forma semelhante esse incremento poderá ser entre 7 e 9% no caso de criação de novos cursos na FA.

A FA possui o maior número de alunos regulares matriculados nos seus cursos de graduação, o que corresponde a 12,6% de todas as matrículas de graduação da UnB.

Tabela 14 – Número de alunos regulares, matriculados e aprovados por disciplina e aprovados por curso na FA e UnB

Cursos	Turno	Alunos ativos		Matrículas em disciplinas		Aprovados em disciplinas		Percentual de aprovados por matriculados	
		1º Sem.	2º Sem.	1º Sem.	2º Sem.	1º Sem.	2º Sem.	1º Sem.	2º Sem.
Administração	D	390	395	1.808	1.815	1.495	1.470	82.69	80.99
Administração Pública	D	45	49	109	104	68	53	62.39	50.96
Administração	N	440	427	1.801	1.750	1.524	1.463	84.62	83.60
Arquivologia	N	300	303	1.297	1.266	1.122	1.125	86.51	88.86
Biblioteconomia	D	304	327	1.413	1.534	1.255	1.348	88.82	87.87
Ciências Contábeis	D	318	315	1.474	1.541	1.208	1.264	81.95	82.02
Ciências Contábeis	N	361	363	1.385	1.538	1.139	1.262	82.24	82.05
Total FA		2.158	2.179	9.287	9.548	7.811	7.985	84.11	83.63
Total UnB		16.899	17.223	73.704	75.576	61.053	61.800	82.84	81.77

Fonte: Anuário Estatístico da UnB, 2000.

A Tabela 14 mostra que os índices de aprovação dos alunos regulares da FA nas disciplinas foram de 84,11% e 83,63%, respectivamente nos 1º e 2º semestres de 2000. Esse resultado situa a FA em 11º lugar em índices de aprovação, quando consideradas todas as 21 unidades acadêmicas da UnB. Esse posicionamento seria mantido no caso de agregação do curso de Economia.

A Tabela 15 apresenta o número total de alunos movimentados, resumindo os casos de transferências, abandono de curso, alunos sem rendimento acadêmico e situações de jubilamento. Discriminação mais detalhada pode ser encontrada no Anuário Estatístico 2000 da UnB.

Tabela 15 – Número de alunos regulares e movimentação de alunos por curso – FA, ECO e UnB

Cursos	Turno	Alunos regulares		Movimentação de alunos	
		1º Semestre	2º Semestre	1º Semestre	2º Semestre
Administração	D	412	413	16	13
Adm. Pública	D	54	55	6	10
Administração	N	459	459	21	32
Arquivologia	N	309	321	9	8
Biblioteconomia	D	320	340	10	11
Ciências Contábeis	D	330	331	20	11
Ciências Contábeis	N	337	385	23	31
Total FA		2.261	2.304	105	116
Economia	D	359	356	27	28
Total FA + ECO		3.020	2.660	132	144
Total UnB		17.778	18.209	905	896

Fonte: Anuário Estatístico da UnB, 2000.

Em 2000, a FA teve o mais alto percentual de alunos desligados dos cursos de graduação da UnB 11,6% no 1º semestre e 12,95% no 2º semestre, em relação às demais unidades acadêmicas. Tais índices decorrem do fato de que a FA tem o maior número de alunos em relação às demais. Tal índice de movimentação situa-se em, aproximadamente, 5% e não seria muito diferente na hipótese de incorporação do curso de Economia à FA.

Tabela 16 – Evolução do número de alunos formados, FA e ECO, 1996/2000

Cursos	Turno	1996	1997	1998	1999	2000
Administração	D	73	86	67	84	73
Administração	N	38	28	34	45	54
Arquivologia	N	9	11	24	37	44
Biblioteconomia	D	13	31	37	37	39
Ciências Contábeis	D	42	36	26	31	50
Ciências Contábeis	N	–	–	8	17	36
Total FA		175	192	196	251	296
Crescimento anual (%)		base	9	2	28	17,9
Crescimento médio (%)				40,8		
Média de crescimento anual (%)				8,16		
Economia	D	49	47	40	30	50
Total FA + ECO		224	239	236	281	346
Crescimento anual (%)		base	6	5,3	11,1	16.8
Crescimento médio (%)				35,2		
Média de crescimento anual (%)				7.0		

Fonte: Anuário Estatístico da UnB, 2000.

Verifica-se, na Tabela 16, que o número de formandos na graduação da FA está crescendo à razão de 8% ao ano, o que será mantido no caso de incorporação do curso de Economia. Esse índice é um pouco acima da média de crescimento anual de 5,16% no número de formandos da UnB como um todo.

Esses aspectos quantitativos, referentes aos cursos de graduação da FA, são complementados pela análise qualitativa desses cursos. Essa análise pode ter como base os critérios estabelecidos pelo MEC, que resultam nos seguintes indicadores:

1) Avaliação dos cursos no Exame Nacional de Cursos – Provão/MEC;

2) Avaliação das condições de oferta dos cursos pelo MEC.

Para os cursos que ainda não foram avaliados pelo MEC até o momento, faz-se necessário antecipar, o quanto antes, a implementação das condições de funcionamento similares às dos cursos que já estão sendo avaliados, de modo que possam obter um conceito elevado a partir do momento em que forem avaliados pela primeira vez.

Os cursos que participaram do Exame Nacional de Cursos – Provão/MEC foram Administração (FA) e Economia (IH). Essa avaliação no período de 1996 a 2000 apresentou os seguintes resultados:

Quadro 4 – Avaliação dos cursos no Exame Nacional de Cursos: Provão/MEC, FA, ECO – 1996-2000

Unidade acadêmica	Cursos	1996	1997	1998	1999	2000
FA	Administração	"A"	"A"	"A"	"B"	"A"
ECO	Economia	"A"	"A"	"A"	"A"	"A"

Nota: Os demais cursos da FA (Biblioteconomia, Arquivologia e Ciências Contábeis) não participaram do Exame Nacional de Cursos/MEC.
Fonte: Anuário Estatístico, UnB da 2000.

A meta qualitativa nos cenários para 2006 é manter a classificação máxima em todos os cursos da FA. Para isso, deve-se manter todos os requisitos e exigências de classificação "A" dos cursos, além de promover ações necessárias para que os demais cursos que ainda não participaram do Exame Nacional de Cursos alcancem e se mantenham quanto aos requisitos necessários para obterem a classificação "A" na primeira avaliação.

Outro importante indicador usado pelo MEC/Sesu refere-se às condições de oferta dos cursos. Nos cenários projetados para 2006, deve-se também contemplar a preocupação de manter o conceito "Condições Muito Boas – CMB" para os cursos e, ao mesmo tempo, implementar todos os requisitos e exigências necessários para garantir a obtenção da mesma menção para os demais cursos, a partir do momento em que forem avaliados.

Nesse aspecto, os cursos de Administração da FA e o de Economia/IH alcançaram durante o período de 1997-2000 os resultados mostrados no Quadro 4:

Quadro 5 – Avaliação das condições de oferta dos cursos de graduação pelo MEC, FA e ECO

Unidade acadêmica	Cursos	Ano	Qualificação do corpo docente	Organização didático-pedagógica	Instalações
FA	Administração	1998	CMB*	CMB	CMB
ECO	C. Econômicas	1999	CMB	CMB	CMB

Fonte: Anuário Estatístico da UnB, 2000.
* Condições Muito Boas (CMB): padrão de excelência das atividades acadêmicas.

Sobre a avaliação das condições de oferta dos cursos de graduação do MEC/Sesu, a comparação entre os conceitos obtidos pelo curso de

Administração da FA e pelo curso de Economia (IH) e o total dos cursos similares avaliados em todo o Brasil é apresentada no Quadro 6.

Quadro 6 – Avaliação comparativa das condições de oferta dos cursos de Administração e Economia

Critério	Cursos	Nº de cursos avaliados	Ano	Avaliação da UnB	% de IES avaliadas			
					CMB*	CB*	CR*	CI*
Qualificação docente	Administração	352	1998	CMB	6,43	36,84	55,85	0,88
	Economia	178	1999	CMB	15,0	21,00	38,00	26,00
Organização didático-pedagógica	Administração	352	1998	CMB	13,91	34,62	38,17	13,31
	Economia	178	1999	CMB	13,00	34,00	36,00	17,00
Instalações	Administração	352	1998	CMB	35,56	31,49	24,20	8,75
	Economia	178	1999	CMB	21,00	25,00	15,00	39,00

Fonte: Anuário Estatístico da UnB, 2000.
* Condições Muito Boas (CMB): Padrão Excelente das Atividades Acadêmicas.
* Condições Boas (CB): Padrão de Boa Qualidade.
* Condições Regulares (CR): Padrão Pessimista Adequado.
* Condições Insuficientes (CI): Padrão Insuficiente.

Quadro 7 – Avaliação dos cursos de graduação no *Guia Abril do Estudante*

5 ESTRELAS 2000/2001	4 ESTRELAS 2000/2001	3 ESTRELAS 2000/2001
Arquivologia	Economia	Administração
Biblioteconomia	Ciências Contábeis	

Fonte: *Guia Abril do Estudante*, 2000.

O posicionamento relativo dos cursos da FA em relação ao de outras IES do país permite identificar as suas áreas mais críticas e, atuando sobre essas áreas, pode-se aproveitar a oportunidade de manter e/ou melhorar as classificações conseguidas. Verifica-se pelo Quadro 5 que, nos dois cursos já avaliados, há oportunidades de melhorias nos aspectos de instalações e de organização didático-pedagógica. A obtenção de ganhos nesses dois aspectos é relativamente mais importante que a qualificação do corpo docente, pois, neste último, os cursos já estão bem posicionados quando comparados aos cursos das outras IES.

• **O crescimento populacional e o fluxo de demanda educacional no DF**

Para o desenvolvimento dos cenários para a FA, em 2006, é importante saber qual a demanda esperada para os seus cursos e, ainda, que quantidade de vagas deverão ser ofertadas.

As respostas para essas perguntas podem levar em conta, inicialmente, a evolução da oferta de vagas na UnB nos últimos anos e, em particular, a evolução das vagas oferecidas pela FA.

Segundo informações do Anuário Estatístico – 2000 da UnB, as taxas de crescimento do número de vagas oferecidas por todos os cursos da UnB, nos últimos anos, foram de 22,33% (1998), 23,67% (1999) e 24,89% (2000). Esse aumento, da ordem de 23% ao ano, deve-se em sua maior parte à criação de novos cursos nas unidades acadêmicas pois, praticamente, não tem havido expansão das vagas em cursos já existentes na Universidade.

A comparação dos dados do Anuário Estatístico – 2000 com os dados constantes dos demais Anuários da UnB dos anos anteriores mostra que as vagas nos cursos têm-se mantido estáveis nos últimos anos, independentemente da demanda social. O estudo e a avaliação da demanda social é, portanto, um dos aspectos importantes dessa questão; o outro é a disponibilidade de meios para proporcionar uma expansão de vagas. Nos parágrafos seguintes, estuda-se a primeira questão; a segunda será tratada, posteriormente.

Tomando-se os residentes no Distrito Federal como uma amostra representativa do público-alvo da UnB, alguns indicadores da demanda são os seguintes:

1) crescimento da população residente no Distrito Federal, incluindo o componente da faixa etária em que ocorre a maior parte dos ingressos em cursos superiores;
2) fluxo educacional dos níveis de ensino fundamental e médio, considerados como indicadores gerais das demandas potenciais pelos cursos da UnB.

Com base nesses indicadores, as projeções de demanda de vagas para 2006, após avaliar a disponibilidade de recursos, sugerem a viabilidade de um aumento do número de vagas como forma de responder a essas demandas.

Um dos indicadores sociais que sinalizam a demanda por educação de nível superior no Distrito Federal é o seu crescimento populacional em determinadas faixas etárias, considerando seus reflexos em termos de procura de vagas nos cursos da UnB, especificamente, da FA.

A Tabela 17 resume os dados censitários do Instituto Brasileiro de Geografia e Estatística (IBGE) de 1991 e 2000, referentes à população residente no Distrito Federal, nas faixas etárias de 15 a 19 anos e de 20 a 24 anos, como potenciais demandantes de serviços educacionais de nível superior para os próximos quatro ou cinco anos, mostrando o crescimento populacional dessas faixas etárias durante o último decênio em torno de 30%.

Tabela 17 – População de residentes por grupo etário no DF, 1999-2000

Grupo etário	Número de habitantes		Crescimento no período
	1991	2000	
15 a 19 anos	173.738	225.337	26,69
20 a 24 anos	179.545	233.884	30,26

Fonte: Censo IBGE, 2000.

Entendendo-se que esse percentual é representativo da última década, pode-se estimar que, para o período de 2002-2006, a taxa de crescimento deverá ficar em metade disso, ou aproximadamente 15%. O crescimento populacional anual desse grupo etário seria então algo em torno de 3% ao ano. Embora os demandantes de vagas nos cursos da UnB sejam apenas os residentes no DF e uma pequena parte dos candidatos não pertencem à faixa etária antes considerada, é razoável supor que essa taxa de crescimento anual seria bem representativa do público que potencialmente demandará os cursos da UnB – e, portanto, da FA. Aplicando-se essa taxa de crescimento de 3% à população do DF, em 2000, pode-se estimar que, em 2006, a população de 15 a 19 anos e de 20 a 24 anos no DF será da ordem de 265 mil e 275 mil habitantes, respectivamente.

Contudo, o crescimento demográfico analisado indica apenas uma macro-influência sobre o nível das demandas futuras pelos cursos superiores, em geral da UnB, e, conseqüentemente, da FA. Esse parâmetro não é suficiente para aferir o nível dessa demanda. Torna-se necessário examinar um indicador mais específico – o fluxo de demanda educacional.

As pesquisas do MEC divulgadas por meio do Censo Escolar do MEC – 2000 apontam para um quantitativo de alunos matriculados nos cursos regulares do Distrito Federal em 2000, do ensino médio, de 133.027, sendo que 34.438 alunos matriculados no último ano, observando que destes apenas 15% concluem seus estudos. Esses dados demonstram a demanda potencial por vagas no DF, e, em particular pela UnB.

De fato, o quantitativo de inscrições por semestre, às vagas da UNB, em 2000, foi em média de 31 mil, refletindo uma diferença entre concluintes do ensino médio e inscrições no Programa de Avaliação Seriada (PAS) e no vestibular de apenas 8%. Dessas relações, desprezam os candidatos de outros estados e aqueles que não querem prosseguir seus estudos.

Para o caso da FA, as inscrições correspondem a 11% do total da UnB. Esse percentual significaria 8.745 inscrições anuais para os cursos da FA, em 2006, contra as 6.675 inscrições ocorridas em 2000, um aumento de 31% sobre o total das inscrições de 2000. Assim, se for mantido o mesmo número de vagas do ano 2000 para os próximos anos, a tendência é que ocorra um aumento progressivo da taxa de candidatos por vagas nos exames vestibulares e do PAS, a cada ano, o que tornaria o processo de ingresso ainda mais seletivo.

Conclui-se a partir dessas estimativas que, para manter o mesmo nível de resposta da FA/UnB que foi registrado no ano 2000 em relação às demandas sociais de educação superior gratuita do DF, é necessário que se incremente um aumento programado no número de vagas oferecidas nos cursos. Se aumentar em 30% o número anual de vagas da FA até 2006 será possível compensar a pressão das demandas sociais e manter, praticamente, a mesma relação de candidatos por vagas aos níveis verificados em 2000.

Entretanto, esse acréscimo do número de vagas implica, necessariamente, num aumento dos recursos disponíveis nos departamentos, principalmente do aumento do corpo docente da UnB e do quadro de técnicos, além de investimentos em sala de aula, meios auxiliares e laboratórios. Mas há, por outro lado, certa margem para plena utilização dos recursos disponíveis, considerando-se que nos semestres seguintes ocorre certa taxa de movimentações que reduz o efetivo das turmas, conforme será detalhado mais adiante. Assim, numa visão mais otimista e considerando a possibilidade de que os recursos necessários possam ser alocados nos próximos anos, se poderiam expandir as vagas em 15%.

Propõe-se então que, na composição dos cenários para 2006 – ou pelo menos no cenário otimista, seja prevista uma expansão de 15% no número total de vagas dos cursos, prevendo-se prioridade para a abertura de vagas nos cursos noturnos da FA. O incremento total seria então de 12 vagas nos três cursos diurnos e 24 vagas nos cursos noturnos, no total de 36 vagas adicionais por semestre em todos os seis cursos de graduação da FA.

Na prática, esse aumento semestral de 15% das vagas totais significa que as turmas de novos que ingressavam em 2000 possuíam em média 40 alunos, e deverão passar a funcionar com 46 até 2006.

Entretanto, de acordo com a distribuição dos candidatos inscritos para os exames do Vestibular e do PAS, segundo o AE-2000, há maior demanda pelos cursos noturnos em relação aos cursos diurnos. Nos cursos de Ciências Contábeis e Administração, por exemplo, a relação entre o número de candidatos inscritos no noturno e no diurno é de, respectivamente, 1.031 para 668 (65%) e de 1.765 para 1.384 (78%), respectivamente.

Assim, a expansão na oferta de vagas a ser adotada até 2006, seria mais consistente, se contemplasse um aumento maior para o turno noturno, proporcionando um atendimento compatível com essas demandas.

No caso do curso de graduação em Economia vir a ser transferido para a FA, para este número seriam acrescidas mais 6 vagas (15%), correspondendo a um total de 42 vagas para a FA. Os cursos noturnos que já funcionam com 42 alunos passariam a 50 alunos, lembrando que também ocorrem ingressos de alunos por outras vias em todas as turmas. Essa projeção levaria praticamente à plena utilização da capacidade de expansão das turmas por meio de acréscimo de vagas. A partir de 2006, as futuras expansões devem em princípio implicar na criação de novas turmas.

O passo seguinte consiste em verificar que impacto poderá ocorrer no número total de alunos regulares da FA, se adotada a opção pela expansão de vagas em seus cursos. Antes, porém, examina-se a questão das entradas de alunos por outras vias que não o vestibular e o PAS, posto que isso também determina o tamanho total do corpo discente.

• A expansão de vagas na FA e seu impacto na demanda educacional – Graduação

A expansão de vagas dos cursos de graduação da FA em 15% até 2006, sugerida anteriormente, pode ser avaliada em comparação com a evolução histórica da expansão das vagas da UnB e, particularmente, da FA nos últimos anos, conforme dados do AE-2000. A Tabela 18 mostra um resumo dessa evolução nos últimos anos, as taxas de variação das vagas em relação ao ano anterior e também a taxa do período 1996-2000.

Tabela 18 – Evolução dos ingressos pelo vestibular, PAS e outras vias, FA, ECO, UNB, 1996-2000

Cursos	Turno	1996	1997	1998	1999	2000
Administração	D	98	101	98	97	109
Administração	N	114	117	119	96	100
Arquivologia	N	61	81	80	81	80
Biblioteconomia	D	61	84	83	82	82
Ciências Contábeis	D	88	83	87	85	83
Ciências Contábeis	N	86	97	92	101	92
Economia	D	94	96	91	89	92
Taxa de crescimento anual		Ano base	+2%	-3%	-5%	-2%
Total de novos ingressos FA	–	508	563	559	542	546
Crescimento anual FA	–	Ano base	+10,8%	-1%	-3%	+0,8%
Total de novos ingressos FA+ECO	–	602	659	650	631	638
Crescimento anual FA + ECO	–	Ano base	+9,5%	-1,4%	-3,1%	+1,1%
Total de novos ingressos UnB	–	3.626	4.324	4.258	4.226	4.288
Crescimento anual UnB	–	Ano base	+19,2%	-1,5%	- 0,7%	+1,46%

Fonte: Anuário Estatístico da UnB, 2000.

A Tabela 18 indica que, de 1996 para 1997, ocorreu expansão média de 19% no número de novos ingressos totais na UnB. Isso se deu por ocasião da implantação pioneira do Programa de Avaliação Seriada (PAS) como uma alternativa de acesso à UnB. De 1998 até 2000, praticamente, não houve expansão de vagas, pois as pequenas variações registradas foram de menos de 2%.

Considerando-se apenas a FA, o aumento de vagas ocorrido em 1997 foi de 10,8% em relação a 1996, mantendo-se estável até 2000, com variações de 3%.

Esse histórico mostra que o total de vagas oferecidas está praticamente congelado desde 1997. Tendo em vista a perspectiva de um aumento da demanda social, conforme discutido anteriormente, para manter o nível de resposta da UnB, seria necessário alguma expansão de vagas para os próximos anos. O aumento da demanda exerce uma pressão no sentido de que as estruturas da UnB se ajustem para melhor responder a essas demandas sociais. Dessa forma, a possibilidade de um aumento das vagas na graduação em 15% por semestre seria uma resposta efetiva da FA a essa demanda, representada pelo aumento populacional e pelo fluxo dos candidatos que concluem o grau médio e que passam a demandar a educação de nível superior gratuita por meio da UnB.

Pela comparação dos dados da Tabela 18, observa-se que no ano de 2000 os ingressos por outras vias concentraram-se principalmente nos cursos de Administração e de Economia sendo pouco expressivos para os demais cursos.

Dessa forma, uma eventual expansão no número de vagas dos cursos não acarretaria aumento do número de ingressos por outras vias, pois estes se devem a outros fatores conjunturais. Todavia, para efeito de planejamento dos cenários da FA para 2006, pode-se estimar um total de 80 ocorrências de ingressos anuais por outras vias para os cursos da FA e de Economia juntos, os quais poderiam ser somados às projeções de novos ingressos pelo Vestibular e pelo PAS.

Tabela 19 – Total de alunos regulares da graduação, FA, ECO, UNB, 2000

Cursos	Turno	Regulares		Matrículas trancadas		Total		Média semestral
		1º Sem.	2º Sem.	1º Sem.	2º Sem.	1º Sem.	2º Sem.	
Administração	D	390	395	22	18	412	413	413
Administração Pública	D	45	49	9	6	54	58	57
Administração	N	440	427	19	32	459	459	459
Arquivologia	N	300	303	9	18	309	321	315
Biblioteconomia	D	304	327	16	13	320	340	330
Ciências Contábeis	D	318	315	12	16	327	331	329
Ciências Contábeis	N	361	363	16	22	377	385	381
Total da FA	**–**	**2.158**	**2.179**	**103**	**125**	**2.261**	**2.304**	**2.283**
FA relação UNB	–	12,7%	12,6%	11,7%	12,6%	12,7%	12,6%	12,7

Continua na próxima página →

Cursos	Turno	Regulares		Matrículas trancadas		Total		Média semestral
		1º Sem.	2º Sem.	1º Sem.	2º Sem.	1º Sem.	2º Sem.	
Economia	D	341	341	18	15	359	356	358
Total FA + ECO	–	**2.499**	**2.520**	**121**	**140**	**2.620**	**2.660**	**2.640**
FA + ECO % da UnB	–	14,7%	14,6%	13,7%	14,1%	14,7%	14,6%	14,8
Total UnB	–	**16.899**	**17.223**	**879**	**986**	**17.778**	**18.209**	**17.994**

Fonte: Anuário Estatístico da UnB, 2000.

Na Tabela 19, os cursos da FA representaram, no conjunto,12,7% do total de alunos registrados ativos da UnB no ano 2000. Como projeção, a FA em conjunto com o curso de Economia, representa algo em torno de 14,7%.

• A expansão de vagas na FA e seu impacto na demanda educacional – Pós-Graduação

Neste item, serão analisados aspectos quantitativos e qualitativos do ensino de pós-graduação ministrado pelos departamentos da FA. Inicialmente, procurar-se-á caracterizar o conjunto das atividades de pós-graduação. A seguir, sucessivamente, os cursos em nível de mestrado, doutorado e, finalmente, as atividades de pesquisa e extensão. A situação será retratada com base nos dados do Anuário Estatístico da UnB – AE-2000 e discutidas, passo a passo, suas perspectivas em vista do desenvolvimento de cenários para a FA em 2006.

Tabela 20 – Número de matrículas em cursos de pós-graduação nas IES federais; Brasil, 1994-2000

Ano	Total de matrículas no Brasil			Matrículas nas IES federais			% das IFES
	Mestrado	Doutorado	Total	Mestrado	Doutorado	Total	
1994	40.027	17.361	57.038	23.298	6.941	30.329	53,1%
2000	63.614	33.004	96.618	45.351	17.065	62.416	64,6%
1994-2000	58,9%	90%	69%	93%	145%	105%	–

Fonte: MEC/Capes.

A Tabela 20 mostra um crescimento acelerado no número de matrículas nos cursos de mestrado e doutorado das IES públicas federais.

O número de alunos nos últimos seis anos aumentou mais que 100%. Em 2000, essas Instituições participaram da formação de 64,6% dos cursos de mestrado e doutorado, sendo mais expressiva a participação nos cursos de mestrado (71,2%) que nos cursos de doutorado (51,7%) realizados no país.

A Tabela 21 apresenta o número total de concluintes de cursos de pós-graduação (mestrado e doutorado) no Brasil e de concluintes de cursos de pós-graduação nas IES federais, e o percentual de participação das IES federais no total.

Tabela 21 – Número de formandos de cursos de pós-graduação, Brasil e IFES, 2000

Ano	Brasil			IFES			% das IFES
	Mestrado	Doutorado	Total	Mestrado	Doutorado	Total	
1994	7.550	2.031	9.581	4.032	788	5.090	95 %
2000	18.574	5.344	23.918	10.076	2.269	12.341	51 %
1994-2000	146 %	163%	150 %	150%	187%	135%	–

Fonte: MEC/Capes.

Verifica-se que, em 1994, as IES federais respondiam pela quase totalidade (95%) do número de formados nos cursos de pós-graduação (mestrado e doutorado) e que no ano 2000 essa participação caiu para 51%, em virtude da expansão na oferta de programas de pós-graduação pelas demais IES, públicas, estaduais e, principalmente, nas instituições privadas.

Tabela 22 – Número de vagas oferecidas, de inscritos, de candidato por vaga e de alunos selecionados nos cursos de pós-graduação da FA, ECO, UnB, 2000

Curso	Vagas			Inscritos		Candidato/vaga		Selecionados		
	1º Sem.	2º Sem.	Total anual	1º Sem.	2º Sem.	1º Sem.	2º Sem.	1º Sem.	2º Sem.	Total anual
Administração Mestrado	26	3	29	30	6	1,15	2,00	25	3	28
Ciênc. da Info. Mestrado	10	50	60	14	52	1,40	1,04	13	–	13
Contábeis Mestrado	1	15	16	2	15	2,00	1,00	1	14	15

Continua na próxima página →

Curso	Vagas			Inscritos		Candidato/ vaga		Selecionados		
	1º Sem.	2º Sem.	Total anual	1º Sem.	2º Sem.	1º Sem.	2º Sem.	1º Sem.	2º Sem.	Total anual
Mestrado FA	37	68	105	46	73	1,24	1,07	39	17	56
Ciênc. da Info. Doutorado	5	27	32	10	14	2,00	0,52	5	–	5
Total FA	42	95	137	56	87	1,33	0,91	44	17	61
Economia Mestrado	34	15	49	40	27	1,18	1,80	34	–	34
Economia MBA	40	5	45	40	8	1,00	1,60	39	–	39
Mestrado ECO	74	20	94	80	35	1,10	1,70	73	–	73
Economia Doutorado	15	–	15	15	–	1,00	–	14	–	14
Total ECO	89	20	109	95	35	1,06	1,75	87	–	87
FA + ECO Mestrado	111	88	199	126	108	1,13	1,22	112	17	129
FA + ECO Doutorado	20	27	47	25	14	1,25	0,52	19	–	19
Total FA + ECO	131	115	246	151	112	–	–	131	17	148
Mestrado UnB	885	374	1259	1651	482	1,87	1,29	762	158	920
Doutorado UnB	256	96	352	304	95	1,19	0,99	208	44	252
Total UnB	1141	470	1611	1955	577	–	–	970	202	1172

Fonte: Anuário Estatístico da UnB, 2000.
M = Mestrado D = Doutorado * curso desativado

De acordo com o Anuário Estatístico, UNB, 2000, a oferta total de cursos de pós-graduação pela UNB foi de 50 cursos de mestrado, com 22.178 alunos regulares registrados, e 28 cursos de doutorado, com 836 alunos registrados. No total, a UnB teve 72 cursos de pós-graduação em funcionamento no ano 2000, nos quais foram registrados 3.014 alunos regulares.

Nos departamentos da FA, funcionaram em 2000 três cursos de mestrado e um doutorado, não se considerando o curso de mestrado profissionalizante em Administração, que foi iniciado em 1998, mas desativado no ano seguinte.

Considerando uma projeção para a hipótese de agregação dos dois cursos de pós-graduação da área de Economia à estrutura da FA, com base na situação do ano 2000, a Faculdade ficaria com quatro cursos de mestrado e dois de doutorado. A Tabela 22 mostra que, em 2000, a FA ofereceu 105 vagas nos cursos de Mestrado para as quais 119 candidatos se pré-qualificaram nos processos seletivos, indicando uma relação de dois candidatos por vaga, conforme o curso e o semestre considerado. Assim, pode-se dizer que a quantidade de candidatos selecionados ou aceitos após a fase de pré-seleção foi bem próxima do número de vagas oferecidas.

Em todos os cursos, pelo menos uma vaga não foi preenchida e dessas, o curso de Ciência da Informação foi o que apresentou maior ociosidade de vaga. Foram aceitas 24 inscrições para as 32 vagas oferecidas, ou seja, houve mais vagas que candidatos habilitados, e desses apenas cinco foram selecionados.

No curso de doutorado em Economia/IH, em 2000, ocorreram cerca de 15 inscrições com uma relação de 1 candidato por vaga, e entre esses foram selecionados 14 candidatos, sobrando uma vaga.

Verifica-se assim que, diferentemente do que ocorre nos cursos de graduação, o ingresso nos cursos de pós-graduação é mais complexo. Os dados apresentados na Tabela 22 indicam que o número de candidatos inscritos é menor em relação à quantidade de vagas oferecidas nos cursos de pós-graduação.

As exigências para acesso à pós-graduação são naturalmente maiores, havendo uma fase de pré-qualificação em que os candidatos somente são aceitos se certos pré-requisitos forem atendidos. Os critérios mais rigorosos visam selecionar candidatos que tenham perfil compatível e que possam efetivamente não apenas acompanhar os cursos, mas sobretudo, desenvolver boas dissertações e teses, dentro das linhas de pesquisa adotadas em cada departamento. Além disso, há um limite, pré-definido, do número de alunos que os professores podem admitir como orientandos. O processo depende de avaliações subjetivas sobre o potencial dos candidatos.

Na realidade, pode haver uma demanda maior pelos cursos de pós-graduação no Distrito Federal e na FA, que aquela apontada pelo Anuário Estatístico, UnB, AE-2000, resumidos na Tabela 22, visto que esses se limitam aos candidatos pré-selecionados. Um indicador bastante significativo quanto ao tamanho dessa demanda pode ser o número de candidatos que se inscrevem para os testes da Anpad com opção para a UnB.

Os testes da Associação Nacional de Programas de Pós-Graduação em Administração (Anpad) são realizados uma vez ao ano e em 2000, 186 pessoas optaram pelos cursos de Administração da UnB. Esse número pode ser um indicativo que permite o dimensionamento da demanda pelos cursos de Pós-graduação da FA e, nesse caso, a relação candidatos por vaga sobe para 7,4, diferentemente dos valores entre 1,0 e 2,0, mostrados na Tabela 22.

Assim, uma possibilidade a ser considerada na formulação dos cenários seria a criação de cursos de pós-graduação do tipo profissionalizante (MBA), que poderiam absorver essa demanda, cujo perfil não atende às exigências do Mestrado. Essas novas opções de cursos poderiam ser viabilizadas com ampliação do quadro de docentes da pós-graduação, bem como das linhas de pesquisa atuais, dinamizando as atividades da pós-graduação por meio da expansão do número total de vagas da Faculdade.

Nesse sentido, a criação do curso de doutorado em Administração, conforme proposta da atual Diretoria da FA, poderá ser considerada no desenvolvimento dos cenários para 2004.

Tabela 23 – Número de alunos regulares de pós-graduação, FA, ECO, UnB, 2000

Curso	Mestrado		Doutorado		Total		Média
	1º Sem.	2º Sem.	1º Sem.	2º Sem.	1º Sem.	2º Sem.	
Administração	106	88	–	–	106	88	97
Adminis. Profissionalizante*	19	18	–	–	19	18	18,5
Ciência da Informação	47	40	16	16	63	56	58
Ciências Contábeis	1	15	–	–	1	15	8
Total FA	173	161	16	16	189	177	183
Total FA/UnB (%)	7,6	7,5	1,9	1,9	6,1	6,0	6,0
Economia	86	62	36	36	122	98	110
Economia Profissionalizante	106	98	–	–	106	98	102
Total ECO	192	160	36	36	228	196	212
Total ECO/UnB (%)	7,7	7,5	4,3	4,4	7,4	6,6	7,0
Total FA + ECO	365	321	52	52	417	373	408
% em relação ao total da UnB - FA + ECO	16,2	15,0	6,2	6,3	13,5	12,7	13,5
Total UnB	2.250	2.130	838	819	3.088	2.949	3.019

Fonte: Anuário Estatístico da UnB, 2000.
* Curso desativado

A Tabela 23 mostra que, em 2000, os cursos da FA tiveram, por semestre, uma média de 183 alunos de pós-graduação, o curso de Economia teve uma média de 212 alunos, ambos totalizando, em média, 408 alunos na pós-graduação.

Nessa análise, o número total de alunos que freqüentaram os cursos aparece maior que nas estatísticas do AE-2000, pois está acrescido do número de alunos que freqüentam os cursos de pós-graduação na condição de "alunos especiais".

Verifica-se ainda que, em 2000, o programa de pós-graduação da FA representou, em relação à UnB como um todo, cerca de 7,5% dos cursos de mestrado e 1,9% do total de matrículas nos cursos de doutorado (Ciência da Informação). Se considerados os cursos de pós-graduação da área de Economia em conjunto com a FA, esse índice sobe para 16% para os cursos de mestrado e 6,3% para os cursos de doutorado.

No entanto, o volume de atividades de ensino da pós-graduação da FA é relativamente a metade da área de graduação em número de alunos regulares. Na graduação, o total de alunos (2.168) da FA, em 2000, representava 12,7 % do corpo discente da UnB (17.061), em número de alunos regulares. A FA em conjunto com o curso de Economia representaria mais 2%, ou seja, 24,7% do total de alunos regulares da UnB.

Mesmo assim, de acordo com o AE-2000, a FA ficou em terceiro lugar em número de alunos regulares registrados nos cursos de pós-graduação em relação às demais unidades acadêmicas da UnB.

Pelos dados apresentados, a FA teve, no ano 2000, uma participação de 6% do total de matrículas nos cursos de mestrado (1º e 2º semestres) e 6% das matrículas em cursos de doutoramento. A FA ficou na terceira posição em número de alunos regulares em cursos de pós-graduação (Mestrado) em relação às demais unidades acadêmicas da UnB. Uma das unidades que tiveram, no ano 2000, maior número de alunos regulares nos cursos de Mestrado foi o Departamento de Economia (ECO), com 304 alunos, 13% (dados do 2º semestre). A quantidade de alunos regulares registrados que trancaram matrícula nos cursos de Mestrado da FA em 2000 foi de apenas três, todos no 1º semestre (1%). Verifica-se, assim, que as movimentações de alunos nos cursos de mestrado representam em torno de 6% do total de matrículas nos diversos cursos desse nível, com variações de mais ou menos 1% conforme o semestre.

Tabela 24 – Número de disciplinas e duração do mestrado e doutorado da FA, ECO, 2000

Curso	Ano início	Nível	Disciplinas	Disser-tações e teses	Duração mínima	Duração máxima
Administração	1976	M	40	12	2	5
Administ. Profissionalizante*	1998	M	28	4	2	4
Ciência da Informação	1978	M	36	4	2	5
Ciência da Informação	1992	D	60	2	4	8
Ciências Contábeis	2000	M	27	30	2	5
Economia	1973	M	40	9	2	5
Economia	1997	D	60	60	4	8

Fonte: Anuário Estatístico da UnB, 2000.
M = Mestrado D = Doutorado * curso desativado

A oferta de cursos de pós-graduação pela UnB em 2000 foi de 28 cursos de mestrado e 50 cursos de doutorado, em um total de 78 cursos.

Tabela 25 – Número de vagas, de inscritos, de candidato por vaga e de selecionados no mestrado, FA, ECO e UnB, 2000

Curso	Número de Vagas			Número de Inscritos		Candidato/ vaga		Número de Selecionados		
	1º Sem.	2º Sem.	Total	1º Sem.	2º Sem.	1º Sem.	2º Sem.	1º Sem.	2º Sem.	Total
Administração	26	3	29	30	6	1,15	2,00	25	3	28
Ciência da Informação	10	50	60	14	52	1,40	1,04	13	–	13
Ciências Contábeis	1	15	16	2	15	2,00	1,00	1	14	15
Total FA	37	68	105	46	73	1,24	1,07	39	17	56
Economia	34	15	49	40	27	1,18	1,80	34	–	34
Economia Profissionalizante	40	5	45	40	8	1,00	1,60	39	–	39
Total ECO	74	20	94	80	35	1,10	1,70	73	–	73
Total FA + ECO	111	88	199	126	108			112	17	129
Total UnB	885	374	1259	1651	482	1,87	1,29	762	158	920

Fonte: Anuário Estatístico da UnB, 2000.
M = Mestrado D = Doutorado * curso desativado

Tabela 26 – Número de ingressos e de dissertações homologadas no mestrado, FA e ECO, 2000

Nome do curso de mestrado	Ingresso de alunos			Dissertações homologadas		
	1º Sem.	2º Sem.	Total	1º Sem.	2º Sem.	Total
Administração	25	3	28	6	8	14
Ciência da Informação	13	–	13	7	16	23
Ciências Contábeis	1	14	15	–	–	–
Total da FA	39	17	56	13	24	37
Economia – Mestrado	34	–	34	10	6	16
Economia Profissionalizante	39	–	39	9	8	17
Total ECO	73	–	73	19	14	33
Total FA + ECO	112	17	129	32	38	70
Total UnB	762	158	920	245	230	475

Fonte: Anuário Estatístico da UnB, 2000.

Pela Tabela 26, verifica-se que a relação geral de ingresso por dissertação homologada, referente a todos os cursos de mestrado da UnB, em 2000, foi de dois ingressos para cada dissertação homologada, enquanto que para os três cursos realizados pela FA foi de 1,5 ingresso para cada dissertação homologada.

A FA encontra-se na quinta posição entre as unidades acadêmicas da UnB, tanto em número dos que ingressam como em número de dissertações homologadas nos cursos de mestrado. As unidades que tiveram maior número de ingressos no mestrado e que homologaram maior número de dissertações em 2000 foram: Faculdade de Tecnologia, 65 dissertações e Departamento de Economia, 58 dissertações.

Tabela 27 – Evolução do número de alunos formados no mestrado, FA, ECO, 1996-2000

Cursos	1996	1997	1998	1999	2000
Administração	10	12	8	17	14
Ciência da Informação	4	4	9	12	23
Ciências Contábeis	–	–	–	–	–
Total FA	14	16	17	29	37
Economia	5	9	7	18	16
Economia Profissionalizante.	–	–	–	1	17
Total ECO	5	9	7	19	33
Total UnB	287	353	365	387	475

Fonte: Anuário Estatístico da UnB, 2000.

O número de formandos na pós-graduação da FA está crescendo à razão de 8% ao ano, o que será aproximadamente mantido no caso de incorporação do curso de Economia. Esse índice é um pouco acima da média de crescimento anual de 5,16% no número de formandos da UnB como um todo.

Quadro 8 – Conceito da Capes para os cursos de mestrado e doutorado, FA, ECO, 2000.

Conceito	Curso	Nível	Unidade acadêmica
6	Economia	Mestrado	ECO
	Economia	Doutorado	ECO
5	Ciência da Informação	Mestrado	FA
	Ciência da Informação	Doutorado	FA
4	Economia	Mestrado Profissionalizante	ECO
3	Administração	Mestrado	FA
	Ciências Contábeis	Mestrado	FA

Fontes: Decanato de Pesquisa e Pós-graduação, UNB, 2000.
Capes/MEC.
Anuário Estatístico da UnB, 2000.

O Quadro 7 apresenta os conceitos Capes, destacando os conceitos dos cursos de pós-graduação *stricto sensu* de mestrado da FA e Economia, situação do ano 2000. A evolução dos conceitos é mostrada no Quadro 8.

Quadro 9 – Evolução do conceito Capes, mestrado e doutorado, FA, ECO, 1992-2000.

Curso	Nível	1992 - 1993	1994 - 1995	1998 - 1999	2000
Administração	M	C+	C	3	3
Ciência da Informação	M	A	A	5	5
Ciência da Informação	D	CN	A	5	5
Ciências Contábeis	M	–	–	–	3
Economia	M	A	A	6	6
Economia	D	–	–	6	6
Economia	MP	–	–	4	4

Fonte: Anuário Estatístico da UnB, 2000.
(A) Conceito máximo (C) Nota mínima
(D) Doutorado (CN) Não avaliado (s/conceito)
(M) Mestrado (MP) Mestrado Profissionalizante

Os quadros 7 e 8 mostram que dois cursos em nível de mestrado atingiram no ano de 2000 os conceitos mais elevados na conceituação de avaliação da Capes: o de Ciência da Informação e o de Economia – 5 e 6, mantendo a classificação já obtida nos anos anteriores. Os demais cursos avaliados receberam o conceito 3, o que significa uma qualidade apenas regular.

Tabela 28 – Evolução do número de alunos formados e taxa de crescimento na pós-graduação, FA, ECO, UnB, 1996-2000

Total de unidades	1996	1997	1998	1999	2000
FA Mestrado	14	16	17	29	37
FA Doutorado	1	3	6	6	2
Taxa de crescimento no período FA (%)	–	–	–	–	160
ECO Mestrado	5	9	7	19	33
ECO Doutorado	–	–	–	–	5
Taxa de crescimento no período ECO (%)	–	–	–	–	660
FA + ECO	20	28	30	54	77
Taxa de crescimento no período FA+ECO(%)	–	–	–	–	285
UnB Mestrado	287	353	365	387	475
Taxa de crescimento no período UnB Mestrado (%)	–	–	–	–	65
UnB Doutorado	43	43	56	76	107
Taxa de crescimento no período UnB Doutorado (%)	–	–	–	–	78
UnB	330	396	421	463	582
Taxa de crescimento UnB (%)	–	20,0	6,3	9,9	25,7
Taxa de crescimento médio no período UnB (%)	–	–	–	–	69
Índice de participação FA em relação à UnB, Mestrado (%)	–	–	–	–	7,8
Índice de participação ECO em relação à UnB, Mestrado (%)	–	–	–	–	7,0
Índice de participação FA em relação à UnB, Doutorado (%)	–	–	–	–	1,9
Índice de participação ECO em relação à UnB, Doutorado (%)	–	–	–	–	4,7

Fonte: Anuário Estatístico da UnB, 2000.

Pela Tabela 28 percebe-se que o número de alunos formados na pós-graduação da UnB cresceu de 20 a 25% ao ano, e que nos últimos cinco anos houve um aumento da ordem de 70% no total de alunos formados na pós-graduação.

Na FA, esse crescimento foi ainda maior, pois alcançou em 2000 um total de 39 alunos formados em cursos de mestrado e doutorado. Os cursos da área de Economia também tiveram no período um grande crescimento (de 660%) e formaram 38 alunos, entre os quais cinco doutores. A FA e os cursos da Economia, juntos, somaram 77 dissertações e teses.

De certo modo, essas taxas de crescimento decorrem do fato de ser relativamente fácil duplicar ou triplicar as atividades quando seu volume é ainda relativamente pequeno, mas fica mais difícil conseguir o mesmo resultado à medida que essas atividades vão alcançando um volume maior.

Apesar do crescimento do número de dissertações e teses homologadas nos últimos três anos, em números brutos, a produção total é ainda relativamente pequena. A comparação com os números totais da UnB ajuda a compreender isto. Os cursos de mestrado da FA tiveram uma participação de cerca de 8,2% no total de dissertações e os de doutorado 0,7% no total de teses produzidas na UnB no ano 2000. Nos cursos da área de Economia, a participação foi de 6,9% na formação de mestres (incluindo-se o mestrado profissionalizante) e de 1,9% na formação de doutores.

A FA e os cursos de Economia somaram juntos 70 mestres e 7 doutores, ou seja, respectivamente, 8,2% e 15% do total de mestres e doutores formados pela UnB em 2000. Em termos de pós-graduação, a FA formou 77 mestres e doutores, no total de 727 pós-graduados pela UnB em 2000, correspondendo a uma participação de 10,59%.

Do exposto, pode-se inferir que os números mostram tendência a aumentar ano a ano o volume total de atividades de pós-graduação da UnB e também a parcela de participação da FA e dos cursos de Economia. Como há considerável demanda pelos cursos de pós-graduação da UnB, conforme se discutiu, pode-se concluir que se deve manter o mesmo ritmo de crescimento nos próximos anos, tanto por meio de expansão de atuais vagas nos cursos, como por meio da criação de novos cursos. Essas opções devem então ser consideradas no desenvolvimento dos cenários para 2006.

Tabela 29 – Número de vagas oferecidas, de inscritos, de candidatos por vaga e de selecionados no Doutorado, FA, ECO, UnB, 2000.

Curso	Número de vagas			Número de inscritos		Candidato/ vaga		Número de selecionados		
	1º Sem.	2º Sem.	Total	1º Sem.	2º Sem.	1º Sem.	2º Sem.	1º Sem.	2º Sem.	Total
Ciên. da Informação	5	27	32	10	14	2,0	0,52	5	–	5
Total FA	**5**	**27**	**32**	**10**	**14**	**2,0**	**0,52**	**5**	**–**	**5**
Economia	15	–	15	15	–	1,0	–	14	–	14
Total ECO	**15**	**–**	**15**	**15**	**–**	**1,0**	**–**	**14**	**–**	**14**
Total FA+ECO	**20**	**27**	**47**	**25**	**14**	**3,0**	**0,52**	**19**	**–**	**19**
Total UnB	**256**	**96**	**352**	**304**	**95**	**1,19**	**0,99**	**208**	**44**	**252**

Fonte: Anuário Estatístico da UnB, 2000.

A Tabela 29 indica também que o ingresso de alunos no único doutorado oferecido pela FA, em Ciência da Informação, manteve-se em torno de cinco selecionados, não havendo, portanto, nenhum crescimento significativo durante o ano de 2000. Por outro lado, os ingressos no curso de doutorado em Economia praticamente dobraram nos últimos dois anos, mas mesmo assim o número dos que ingressam ainda é bem reduzido – apenas 14 ingressos ocorreram no ano 2000.

Entretanto, observa-se pelo Anuário Estatístico, 2000 que o número de ingressos em todos os cursos de doutorado da UnB cresceu nos últimos quatro anos e, comparado a 1995, alcançou, em 2000, acréscimo de quase 80%. Comparando-se os números, verifica-se que a FA manteve, durante esse período, de dois a cinco ingressos.

Verifica-se então que, embora a FA tenha um grande peso no conjunto das atividades de graduação da UnB, ela não tem a mesma expressão quando se trata do ensino de pós-graduação. A FA não conseguiu equiparar, nos últimos anos, sua média de crescimento na pós-graduação (doutorado) aos demais departamentos da UnB. Esses dados históricos ratificam a conclusão do item anterior, no sentido de que a FA deve priorizar as atividades acadêmicas nessa área, na qual ainda há bastante espaço para crescimento.

Contudo, uma expansão no que se refere à pós-graduação, implicaria na necessidade de aumentar o número de professores titulados, não apenas para compor o corpo docente dos novos cursos, mas também para melhorar a relação professor/aluno, de maneira a garantir a sua qualidade. As questões de recursos orçamentários e de espaço físico, e outros meios de apoio às atividades para o funcionamento dos novos cursos devem ser igualmente consideradas.

Tabela 30 – Número de alunos regulares no doutorado, FA, ECO e UnB, 2000

Curso	Doutorado	
	1º semestre	2º semestre
Ciência da Informação	17	17
Total FA	17	17
Economia	37	37
Total ECO	37	37
Total FA + ECO	54	54
Total UnB	838	819

Fonte: Anuário Estatístico da UnB, 2000.

Conforme a Tabela 30, no ano 2000, a FA respondeu por cerca de 2% do total de alunos regulares da UnB, registrados nos cursos de doutorado. Verifica-se também que os cursos de doutorado da FA e da Economia perfazem, aproximadamente, 7% do total de doutores formados pela UnB em 2000.

Tabela 31 – Número de ingresso de alunos e de teses homologadas no doutorado, FA e ECO, 2000.

Curso	Ingresso de alunos			Teses homologadas		
	1º Sem	2º Sem	Total	1º Sem	2º Sem	Total
Ciência da Informação	5	–	5	1	1	2
Total FA	5	–	5	1	1	2
Economia	14	–	14	–	5	5
Total ECO	14	–	14	–	5	5
Total FA + ECO	19	–	19	1	6	7
Total UnB	208	44	252	51	56	107

Fonte: Anuário Estatístico da UnB, 2000.

Pela Tabela 31, verifica-se que a relação entre o ingresso de alunos e de teses homologadas para os cursos de doutorado da UnB, no ano 2000, foi de 2,3% de ingresso de alunos para cada tese homologada e que, para a FA, esta relação foi de 2,5%.

A FA ficou na 12ª posição entre as unidades acadêmicas da UnB em número de ingressos em cursos de doutoramento e em 10ª posição em número de teses homologadas, no ano 2000.

As taxas de crescimento de ingresso nos cursos de doutorado da UnB cresceram nos últimos quatro anos. Comparado a 1995, a UnB apresentou, em 2000, um acréscimo de 159,79% nesses cursos.

Tabela 32 – Evolução da taxa de crescimento de ingressos, do número de formados e de teses homologadas no doutorado, FA, ECO, UnB, 1996-2000

Unidades	1996	1997	1998	1999	2000
Tese Homologada FA	1	3	6	6	2
Tese Homologada ECO	–	–	–	–	5
Tese Homologada UnB	43	43	56	76	107
Número de Formados FA	1	3	6	6	2
Números de Formados UnB	43	43	56	76	107
Número de Formados FA em relação à UnB (%)	2,3	7,0	10,71	7,9	1,9
Taxa crescimento Formados UnB (%)	65,4	65,4	115,4	192,3	311,5

Fonte: Anuário Estatístico da UnB, 2000.

Pela Tabela 32, nos últimos três anos, o número de teses homologadas na UnB vem crescendo a taxas que tendem a ficar acima de 40% ao ano, encontrando-se em um patamar de pouco mais de cem teses por ano.

- **A extensão na FA**

A FA tem uma participação de cerca de 2,5% no número de teses e o curso de Economia de 5% no ano 2000.

Convém examinar, também, os cursos de especialização e de extensão promovidos nos departamentos da FA. A Tabela 33 mostra as atividades de pós-graduação realizadas em nível de especialização pelos departamentos da FA e no curso de Economia no ano 2000.

Na Tabela 33, registra-se o número de cursos, de vagas e de alunos regulares nos cursos de especialização realizados pelos departamentos da FA no ano 2000 e o total dos cursos de extensão que funcionaram na UnB. Essa área de extensão tem grande potencial para ser dinamizada e aproveitada pela FA por meio da organização de cursos que podem ser viabilizados mediante convênio, com uma fundação de apoio, visando gerar recursos que revertam em favor da Faculdade. Entretanto, são necessários cuidados especiais para assegurar o sucesso e a qualidade dos eventos.

Tabela 33 – Número de vagas oferecidas, de alunos regulares e concluintes nos cursos de especialização e de aperfeiçoamento, FA e UnB, 2000

UA/Dep.	Curso	Nº de vagas	Nº de alunos regulares	Nº de concluites
FA/CCA	Curso Especialização MBA Controle	27	27	18
FA/CCA	I Curso Especialização em Contabilidade Pública	33	33	31
FA/Adm.	I Curso Especialização em Gestão Técnica da Informação	37	29	28
FA/Adm.	II Curso de Especialização em Gestão Técnica da Informação	35	27	27
FA/Adm.	Curso de Desenvolvimento Gerencial	57	56	–
FA/Adm.	Gestão Organizacional sem Fins Lucrativos	40	–	–
	Total FA	229	172	104
Total	UnB (cursos iniciados)		2.016	157
Total	Cursos de Especialização, UnB		5.417	1.044

Fonte: Anuário Estatístico da UnB, 2000.

A realização de pesquisas visando identificar as necessidades dos potenciais clientes é um ponto importante. A qualidade dos cursos deve ser garantida em todos os aspectos, desde a escolha adequada dos conteúdos e a seleção dos instrutores até a administração geral do evento, de forma a garantir a satisfação dos alunos e o reconhecimento da FA e da Universidade como Centro de Excelência Gerencial. A qualidade deve assegurar vantagem competitiva em relação aos cursos similares oferecidos pelas instituições e pelas organizações particulares, atraindo futuros negócios.

Entre os eventos de extensão das unidades acadêmicas da UnB, além dos cursos de especialização, incluem-se cursos de curta duração, conferências, encontros, palestras, jornadas, oficinas, minicursos, seminários, congressos, simpósios, exposições, debates, mesas redondas, filmes e outros. A Tabela 34 mostra o número de atividades promovidas pela FA no período de 1996 a 2000 e o total geral dessas atividades na

UnB. Na última linha, indica-se o percentual das atividades da FA em relação à UnB.

Tabela 34 – Evolução do número de eventos de extensão, FA e UnB, 1996-2000

Unidades acadêmicas	1996	1997	1998	1999	2000
FA	13	7	5	5	8
Total geral da UnB	335	415	407	512	566
FA/UnB (%)	3,8	1,6	1,2	0,9	1,4

Fonte: Anuário Estatístico da UnB, 2000.

Além das atividades de ensino e de extensão, a pesquisa tem papel muito importante no cumprimento da missão institucional da UnB e de suas unidades acadêmicas. Examina-se neste item o volume dessas atividades registradas nos departamentos da FA no ano 2000 e as perspectivas de crescimento nessa área.

A Tabela 34 sugere que a FA tem promovido um número relativamente pequeno de atividades de extensão em relação às demais unidades acadêmicas, se considerarmos seu porte em número de cursos e de alunos regulares. Esta é, portanto, outra área em que se poderá buscar um crescimento bastante significativo. Se efetivamente ocorrer a agregação dos cursos da área de Economia à FA, será possível dinamizar ainda mais essas atividades.

- A pesquisa na FA

A Tabela 35 resume as atividades científicas da FA, deixando evidente que também podem ser bastante dinamizadas para os próximos anos. Comparando-se a produção científica da FA em relação à produção total da UnB, verifica-se que a FA produziu 3,2% das atividades de cunho bibliográfico e 2,8% das atividades técnicas desenvolvidas pela UnB.

Tabela 35 – Produção científica, FA e UnB, 2000

Total de atividades	Nº FA	Nº UnB
Produção bibliográfica	197	6.085
Produção técnica	149	5.244
Produção artística	1	587
Subtotal	347	11.916
Total FA/UnB (%)	2,91	100

Fonte: Anuário Estatístico da UnB, 2000.

De acordo com o Anuário Estatístico UnB, 2000, verifica-se que a FA ficou em 14º lugar em produção intelectual bibliográfica e em 13º lugar em produção técnica entre as 21 unidades acadêmicas da UnB. Esses dados mostram que a produção intelectual na FA também precisa crescer bastante nos próximos anos, considerando-se seu potencial em quantidade de cursos e de alunos efetivos matriculados, principalmente nos cursos de pós-graduação e de extensão.

A expansão de vagas e a criação de novos cursos aliada à melhoria do nível de qualidade das atividades acadêmicas, conforme proposto anteriormente, são pontos-chaves que deverão gerar como resultado também o aumento da produção intelectual.

Tabela 36 – Produção intelectual bibliográfica, FA e UnB, 2000

Tipo	Atividades	Nº FA	Nº UnB
Nacional	Aprovações de tese/dissertação	4	59
	Artigos em periódicos	27	591
	Artigos publicados em revistas/jornais	20	457
	Capítulos de livros	7	262
	Livros	15	90
	Organização de livros	3	59
	Participações em congressos	51	1.497
	Prêmios	2	79
	Resumos publicados em anais de congressos	29	1.254
	Trabalhos completos em anais	13	375
	Traduções	2	32
	Subtotal	173	4.755
Internacional	Artigos em periódicos	5	397
	Capítulos de livros	–	71
	Prêmios	–	13
	Resumos publicados em anais de congressos	6	561
	Trabalhos completos em anais	13	288
	Subtotal	24	1.330
	Total	197	6.085

Fonte: Anuário Estatístico da UnB, 2000.

Verifica-se que houve 197 contribuições totais da FA, o que a deixou em 15º lugar no ranking de produção intelectual bibliográfica entre as 21 unidades acadêmicas da UnB.

Tabela 37 – Produção intelectual técnica, FA e UnB, 2000

Tipo	Atividades	Nº FA	Nº UnB
Nacional	Revisão técnica de livro e/ou capítulo	1	89
	Curadorias	1	34
	Cursos ministrados	73	1.102
	Edições de obras	3	38
	Equip. pedagógicos e materiais didáticos	12	237
	Manuais técnicos	5	33
	Mapas, cartas, levant. topográficos e outros	–	17
	Maquetes	–	6
	Palestras	38	927
	Pareceres, sentenças judiciais e outros	7	2.223
	Patentes	–	6
	Produtos multimeios	–	47
	Projetos	–	142
	Softwares educativos	–	33
	Subtotal	140	4.934
Internacional	Curadorias	–	3
	Cursos ministrados	2	110
	Palestras	7	195
	Produtos multimeios	–	2
	Subtotal	9	310
	Total	149	5.244

Fonte: Anuário Estatístico da UnB, 2000.

A FA realizou 149 itens de produção intelectual técnica, no ano 2000, e ficou em 15º lugar em produção intelectual bibliográfica dentre as 21 unidades acadêmicas da UnB.

No que se refere à disponibilidade de laboratórios para as atividades de ensino, pesquisa e extensão dos departamentos da FA, a Tabela 38 discrimina os laboratórios existentes no ano 2000, por departamentos.

Tabela 38 – Número de laboratórios, FA e UnB, 2000

UA	Departamento	Denominação dos laboratórios	Nº de laboratórios
FA	Administração	- Laboratório de Sistemas de Informação e Ensino de Administração – LISA	1
		- Laboratório de Informática e Técnicas de Administração, Pós-graduação – LITA	1
	Ciência da Informação e Documentação	- Laboratório de Informática Documentária	1
	Ciências Contábeis e Atuariais	- Laboratório de Modelo de Contabilidade	1
Total FA			4
Total UnB			305

Fonte: Anuário Estatístico da UnB, 2000.

Os laboratórios e a atualização do parque computacional de todos os departamentos da FA devem ser redimensionados, na razão direta da expansão de vagas, objetivando a melhoria das condições de oferta dos cursos existentes.

A questão dos recursos humanos é obviamente de capital importância para viabilizar as metas de expansão e de ganhos qualitativos nas atividades de ensino, pesquisa e extensão da FA. Neste item, será realizada uma análise da situação geral dos recursos humanos da FA e também dos cursos da área de Economia, em relação aos recursos humanos, registrados no ano de 2000, e ainda serão discutidas as perspectivas para os próximos anos.

Dessa forma, serão apresentados os dados do Anuário Estatístico UnB, 2000, sobre a quantidade de docentes por nível de titulação e também de técnicos, como base para se analisar a disponibilidade de recursos humanos que condiciona os cenários prospectivos da FA para 2006.

Tabela 39 – Número de docentes ativos (por classe, por regime de trabalho e por titulação), média de docentes, FA em relação à UnB, 2000

Classe	Regime	Titulação								Total	
		Graduação		Especialização		Mestrado		Doutorado			
		FA	UnB	FA	UnB	FA	UnB	FA	UnB	FA	UnB
Titular	20 horas		–	–	1	1	1	–	5	1	7
	40 horas		1	–	–	–	–	–	1	–	2
	DE*		–	–	–	1	3	1	85	2	88
	Total		1	–	1	2	4	1	91	3	97
	Média%									10	7
Adjunto	20 horas		8	1	2	–	5	1	27	2	42
	40 horas		–	–	1	–	4	–	5	–	10
	DE*		7	–	4	2	15	12	688	14	714
	Total		15	1	7	2	24	13	720	16	766
	Média%									53	57
Assistente	20 horas		18	–	–	3	33	–	–	3	51
	40 horas		–	–	–	7	11	–	–	7	11
	DE*		6	–	10	–	341	–	–	–	357
	Total		24	–	10	10	385	–	–	10	419
	Média%									33.3	31,2
Auxiliar	20 horas		5	–	2	–	–	–	–	–	7
	40 horas		2	–	3	–	–	–	–	–	5
	DE*	1	30	–	19	–	–	–	–	1	49
	Total	1	37	–	24	–	–	–	–	1	61
	Média%									3.4	4.5
	Total Geral	1	77	1	42	14	413	14	811	30	1.343
	Média%	3.3	5.7	3.3	3.1	46.7	30.8	46.7	60.4		100

Fonte: Anuário Estatístico da UnB, 2000.
* Dedicação exclusiva (DE).

Tabela 40 – Percentual de docentes, FA, (por classe), em relação às médias da UnB, 2000

Unidade	Titular	Adjunto	Assistente	Auxiliar	Soma
FA	10%	53,3%	33,3%	3,4%	100%
UnB	7,2%	57,4%	31,2%	4,5%	100%

Fonte: Anuário Estatístico da UnB, 2000.

Verifica-se, pelos dados de 2000, que o corpo docente da FA nesse período apresentava um número maior de professores titulares em relação à média geral da UnB e estava equiparado a essa média em relação às demais titulações.

A agregação do curso de Economia com a vinculação de professores titulados à FA reforçaria significativamente o corpo docente.

Tabela 41 – Percentual de docentes ativos (por titulação), em relação às médias da UnB, 2000

Unidade	Graduação	Especialização	Mestrado	Doutorado
FA	3,3%	3,3%	46,7%	46,7%
UnB	5,73%	3,13%	30,75%	60,39%

Fonte: Anuário Estatístico da UnB, 2000.

Pela Tabela 41, verifica-se que a maioria dos professores da FA é pós-graduado, (93,4%), 50% de Mestres e 50% de Doutores, enquanto em média, as unidades acadêmicas da UnB possuem mais doutores que mestres, na proporção de dois doutores para cada mestre.

Dessa forma, conclui-se que uma meta importante para a FA consistiria no esforço pelo aumento do número de doutores em seus departamentos, de forma a dar suporte necessário às metas de melhoria qualitativa (conceitos da Capes) mas, também, na criação de novos cursos, na expansão das vagas nos cursos existentes e no aumento da pesquisa e da produção intelectual, conforme propostas sugeridas nos itens anteriores.

Essa proposta reforça ainda mais a idéia da criação de um curso de doutorado em Administração na FA, discutida anteriormente, pois isto poderia criar oportunidades para a qualificação de professores mestres dos próprios departamentos da FA, desde que encontradas formas de conciliar suas atividades docentes com as de formação acadêmica.

Tabela 42 – Percentual de docentes ativos, (por regime de trabalho) FA e UnB, 2000

	20 horas	40 horas	Dedicação exclusiva
Total FA	6	7	17
FA	20%	23%	57%
UnB	7,972%	2,08%	89,95%

Fonte: Anuário Estatístico da UnB, 2000.

A Tabela 42 mostra que a grande maioria dos professores da UnB – ou quase 90% – exercia suas atividades no ano 2000 em regime de dedicação exclusiva (DE), ao passo que, entre os docentes da FA, 43% trabalhavam em regime de 20 e 40 horas e somente 57% em regime de dedicação exclusiva.

Essa situação evidencia a necessidade de se encontrar formas de incentivar maior número de professores da FA a se comprometerem com o regime de dedicação exclusiva, visando estabelecer o necessário suporte para dinamizar todas as atividades de ensino, pesquisa e extensão e, também, para conseguir a melhoria da qualidade dos cursos e a produção intelectual.

Para o alcance desse patamar, o aumento do número de docentes da UnB é pré-requisito, além de manter em nível elevado o cumprimento das missões institucionais de ensino, pesquisa e extensão em todas as suas unidades acadêmicas. Esse aumento deve ocorrer regularmente, de forma a permitir a renovação dos quadros à medida em que ocorrem as aposentadorias e os afastamentos normais por outros motivos. A evolução do número de docentes nos últimos anos é mostrada na Tabela 43, como base para o exame desse importante aspecto.

Tabela 43 – Evolução do número de docentes, (por titulação), UnB, 1996-2000

Titulação	1996	%	1997	%	1998	%	1999	%	2000	%
Graduação	134	10,41	133	9,84	105	7,59	96	7,08	77	5,73
Especialização	51	3,96	47	3,48	48	3,47	43	3,17	42	3,13
Mestrado	476	36,99	491	36,32	480	34,68	424	31,27	413	30,75
Doutorado	626	48,64	681	50,37	751	54,26	793	58,48	811	60,39
Total	1.287	100%	1.352	100%	1.384	100%	1.356	100%	1.343	100%

Fonte: Anuário Estatístico da UnB, 2000.

A Tabela 43 mostra que o número total de docentes caiu em 3% nos últimos dois anos (1998-2000), justamente quando a própria expansão e dinamização verificada nas atividades indicam a necessidade de um aumento anual do corpo docente.

Em termos de distribuição de professores conforme a titulação e em relação à UnB como um todo, verifica-se que o número de professores com graduação e mestrado diminuiu em 5% nos cinco últimos anos, ao passo que a proporção de doutores aumentou em quase 12%. Essa melhoria na titulação decorre dos ingressos de novos professores doutores na UnB e da obtenção do título de doutorado pelos professores do quadro.

Portanto, há necessidade de aumentar o efetivo de docentes na UnB, bem como melhorar a titulação dos que pertencem ao quadro permanente. Isso reforça ainda mais a meta de se facilitar tanto quanto possível, na FA, a formação de novos doutores.

O Índice de Qualificação de Docentes Ativos (IQCD) é um parâmetro importante que indica a qualidade do corpo docente como um todo, podendo ser calculado tanto para a UnB como para as suas unidades acadêmicas e cursos. A fórmula de cálculo desse índice é a seguinte:

$$IQCD = [(D.5)+(M.3)+(E.2)+(G.1)] : (D+M+E+G)$$

Onde: D = Doutorado; M = Mestrado; E = Especialização; G = Graduação

Tabela 44 – Evolução do índice de qualificação de docentes ativos, FA, UnB, 1996-2000

Titulação	1996	1997	1998	1999	2000
IQCD – FA					3,5
IQCD – UnB	3,92	3,78	3,90	4,00	4,06

Fonte: Anuário Estatístico da UnB, 2000.

Na Tabela 44, o IQCD da FA, no ano 2000, ficou em 3,5, valor abaixo do IQCD relativo ao conjunto dos docentes da UnB, (4,06 no mesmo ano). A FA deveria melhorar esse índice nos próximos anos para atingir, pelo menos, a média geral da UnB de 4,0.

Nota-se, também, que esse índice tem melhorado nos últimos anos – em termos de UnB – e que é necessário um esforço no sentido de elevar o IQCD na FA. Para isso, é necessário aumentar o número de doutores nos próximos anos – fator que tem um peso 5 na fórmula.

A Tabela 45 apresenta outro fator importante para suporte às atividades acadêmicas: o número de técnico-administrativos em atividade na FA e na UnB, no ano 2000, e respectiva escolaridade, servindo como indicador do nível de preparo profissional do quadro de apoio às atividades acadêmicas. Em seguida, mostra-se a evolução do número de técnicos nos últimos anos.

Tabela 45 – Número de técnico-administrativos ativos (por titulação), FA e UnB, 2000

Classe	Titulação			Total
	Nível Superior (NS)	Nível Médio (NE)	Nível de Apoio (NA)	
FA	9	20	7	36
UnB	502	1.267	265	2.034
Total FA em relação à UnB (%)	1,8	1,6	2,6	1,8

Fonte: Anuário Estatístico da UnB, 2000.

Na Tabela 45, em 2000, a FA possuía 1,8% de técnicos em relação à UnB como um todo. O cruzamento desse dado com o número de alunos regulares na graduação e na pós-graduação mostra que a FA tem um baixo índice de técnicos/alunos regulares de 0,01 ao passo que para a UnB como um todo esse índice é de 0,08.

Pode-se concluir que há necessidade de se buscar meios para aumentar o quadro de técnicos e viabilizar o apoio necessário à expansão do conjunto das atividades de ensino, pesquisa e extensão.

Uma estimativa para o número de técnicos, considerando a projeção de 7.168 alunos regulares em 2006 (aumento de 214%), é que seja alcançado um efetivo em torno de 54 técnicos até 2006, o que significaria uma relação alunos/técnicos de 0,008. Se o aumento de técnicos correspondesse ao aumento de alunos previsto, o montante seria de 113 técnicos, significando uma relação de 0,02 técnicos/aluno.

Entretanto, a perspectiva de se conseguir aumentar o quadro de técnicos administrativos por meio de concurso público depende inteiramente de políticas governamentais e de fatores econômicos que fogem ao controle da UnB – e portanto da FA.

Uma solução paliativa e temporária que tem sido adotada é a contratação de técnicos sob o regime da Consolidação das Leis do Trabalho (CLT), por meio de uma fundação vinculada à FA. Essa solução é onerosa e depende da disponibilidade de recursos de fundações que possam assumir o pagamento de pessoal, o que gera descontinuidade e rotatividade do pessoal prestador de serviços.

Isso reforça a necessidade de que a FA deve contar com o apoio de uma fundação – não apenas para o pagamento de salários de técnicos contratados, mas também para gerar recursos extra-orçamentários que possam ser aplicados no custeio das atividades.

Tabela 46 – Evolução do número de técnico-administrativos, (por escolaridade), UnB, 1996-2000

Escolaridade	1996	%	1997	%	1998	%	1999	%	2000	%
Superior	619	26,22	563	25,30	536	24,98	519	24,94	502	24,68
Projetado	1.411	59,76	1.351	60,72	1.322	61,60	1.287	61,85	1.267	62,29
Apoio	331	14,02	311	13,98	288	13,42	275	13,21	265	13,03
Total	2.361	100	2.225	100	2.146	100	2.081	100	2.034	100

Fonte: Anuário Estatístico da UnB, 2000.

O número de técnico-administrativos da UnB vem diminuindo nos últimos anos: entre 1996 e 2000 houve uma redução acumulada de quase 14%, conforme dados apresentados na Tabela 46. A não abertura de concursos públicos para recompor o quadro de técnicos tem impedido a substituição dos técnicos que se aposentam ou se afastam por outros motivos. Essa situação pode se agravar nos próximos anos, caso não se realizem concursos.

Por conseguinte, as despesas com a contratação de técnicos temporários por meio das fundações vinculadas à UnB tendem a aumentar significativamente. A única saída possível parece ser a realização de gestões permanentes junto à direção acadêmica da UnB e desta junto à esfera governamental, no sentido de que sejam abertos concursos para os próximos anos, visando uma solução para essa questão.

Capítulo 5

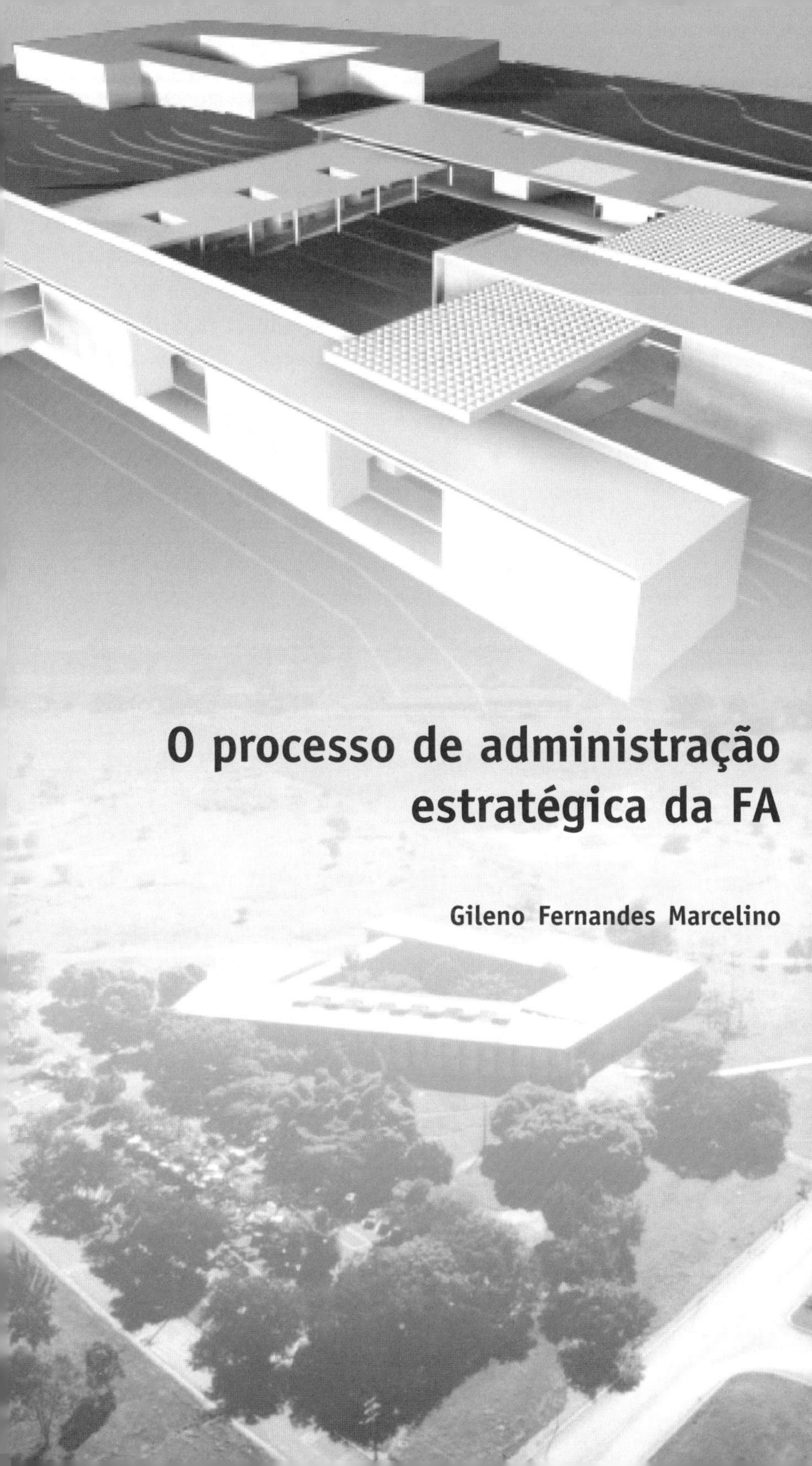

O processo de administração estratégica da FA

Gileno Fernandes Marcelino

Com base nos cenários desenvolvidos, os seguintes resultados foram obtidos, conforme descrito neste livro.

5.1 Missão

No primeiro "Encontro de planejamento e administração estratégica da FA" foi formulada e consensada a seguinte missão para a Faculdade de Estudos Sociais e Aplicados: "gerar e difundir o conhecimento em Ciências Sociais Aplicadas, promovendo a formação profissional de alta qualidade, de forma a contribuir para a excelência da gestão, do indivíduo, das organizações e da sociedade".

5.2 Análise ambiental externa

Em relação ao ambiente externo, foram identificados pelo grupo as seguintes oportunidades e ameaças:

- Oportunidades

✓ Estabilidade institucional da UnB.

✓ Disponibilidade de infra-estrutura operacional da UnB, como base para suas atividades.

✓ Boa imagem pública, que permite o uso da marca para a captação de contratos e recursos.

✓ Grande demanda por cursos de graduação e pós-graduação no mercado local e nacional na área de atuação da FA.

✓ Demanda por cursos de especialização e outros voltados para a educação continuada.

✓ Potencial para a ampliação e diversificação de atividades educacionais, de pesquisa e de extensão em sua área de atuação.

✓ Potencial para integração sinérgica com outras faculdades e institutos da UnB para maior intercâmbio de experiências e conhecimentos.

✓ Potencial para intercâmbio e/ou parcerias com outras instituições nacionais de ensino superior, institutos de pesquisa e outras, em seu campo de atuação.

✓ Potencial para intercâmbio e/ou parcerias com instituições e organizações estrangeiras.
✓ Possibilidade de maior aproximação com os conselhos profissionais, visando a obtenção de vantagens recíprocas.
✓ Possibilidade de maior interação com o poder público nas esferas nacional, estadual, municipal e do Distrito Federal, visando atender demandas da gestão governamental.
✓ Receptividade e interesse de organizações externas, públicas e privadas, para desenvolver projetos conjuntos com as faculdades e institutos da UnB.
✓ Localização na capital do país, com maior facilidade para contatos diretos com instituições nacionais e estrangeiras sediadas em Brasília;
✓ Disponibilidade de infra-estrutura de tecnologia da informação, especialmente do acesso à Internet, como apoio às atividades inerentes ao seu campo de atuação.
✓ Possibilidade de incorporação de modernos recursos de tecnologia da informação.

- **Ameaças**

✓ Restrições orçamentárias.
✓ Entraves legais e burocráticos, com prejuízo à flexibilidade e agilidade das atividades acadêmicas.
✓ Riscos de eventual privatização, com decorrentes crises de adaptação à nova situação.
✓ Concorrência com outras instituições de ensino, no mercado local e nacional.
✓ Número de docentes em declínio, tanto na FA como na UnB.
✓ Salários defasados e evasão de talentos.
✓ Possibilidade de greves de professores e de técnicos da UnB.
✓ Inadequação de instalações e de infra-estrutura física.
✓ Falta de integração entre as diversas áreas de conhecimento.
✓ Desatualização do acervo da Biblioteca Central.
✓ Predomínio, em certos casos, de interesses pessoais sobre as metas organizacionais.

✓ Falta de maior atratividade com relação ao retorno de ex-alunos à UnB, para cursos de pós-graduação e /ou especialização.
✓ Exigência de experiência profissional para a inserção dos alunos concluintes dos cursos no mercado de trabalho.

5.3 Análise ambiental interna

Em relação ao ambiente interno, foram identificados pelo grupo os seguintes pontos fortes e pontos fracos:

- Pontos fortes

✓ Boa formação, motivação e dedicação da expressiva maioria dos membros do corpo docente e técnico – ("vestir a camisa da UnB").
✓ Prestígio do corpo docente e elevado padrão de ensino, reconhecido pela comunidade local e nacional.
✓ Boa avaliação dos cursos da UnB pelos órgãos externos, como Capes, Conselho Nacional de Desenvolvimento Científico e Tecnológico (CNPq), MEC e outros.
✓ Boa qualidade dos alunos matriculados, em decorrência das exigências do processo seletivo.
✓ Boa motivação dos alunos, em relação às crescentes demandas de qualificação profissional para o ingresso no mercado de trabalho.
✓ Existência de um mercado de trabalho dinâmico e crescente.
✓ Estacionamento amplo e bem localizado.
✓ Capacidade institucional da FA, em termos de conhecimento e de experiência acumulados.
✓ Existência de uma fundação (FEPAD) vinculada a um dos departamentos da FA.
✓ Oferta de novos cursos de especialização e de mestrado na FA.

- Pontos fracos

✓ Orçamento insuficiente, gerando problemas estruturais de obsolescência de instalações, de laboratórios e de equipamentos, além de falta de recursos para investimentos em biblioteca, publicações, treinamentos e sistemas de tecnologia da informação.

- ✓ Dispersão física: departamentos distantes uns dos outros e da direção da FA.
- ✓ Falta de espaço físico suficiente para acomodar as atividades da FA;
- ✓ Falta de segurança interna e externa.
- ✓ Número insuficiente de docentes e de técnicos e falta de concurso para provimento dos cargos e funções.
- ✓ Salários defasados.
- ✓ Falta de atualização curricular que contemple a integração multidisciplinar.
- ✓ Limitada interação entre docentes e discentes.
- ✓ Falta de incentivos para uma melhor atualização e aprimoramento dos professores e dos técnicos.

5.4 Matriz de análise estratégica

A matriz estratégica serve como instrumento fundamental para a definição do plano de ação. Sua construção e análise está fundamentada: (a) por um lado, no estudo da evolução do ensino superior no Brasil e, em particular, no contexto educacional específico da região Centro-Oeste e do Distrito Federal; e, (b) por outro lado, no diagnóstico organizacional da FA, elaborado a partir de um trabalho de levantamento e de análise das condições de operação vigentes, abrangendo aspectos processuais e funcionais da sua atuação.

A metodologia adotada teve caráter eminentemente participativo, reforçando a filosofia de gestão compartilhada. Utilizou-se de reuniões para a discussão, a análise e a proposição de definições relativas à missão, aos valores e à compreensão do negócio da FA, assim como da identificação das mais significativas oportunidades e ameaças ambientais e dos pontos fortes e fracos em sua atuação e desempenho. O produto foi resultado do consenso entre os componentes do grupo de estudos, formado por representantes do corpo docente, dos técnicos da FA e do corpo discente, com participação ainda de membros dos diretórios acadêmicos e da organização júnior. A expectativa manteve-se focada na importância da convergência de esforços e idéias, necessária para a proposta de um conjunto de projetos, programas e ações a serem implementados, coordenados e acompanhados pela direção da FA.

As diversas etapas que antecederam a composição da matriz de análise estratégica possibilitaram ao grupo a oportunidade de reflexão sobre os problemas conjunturais enfrentados pela FA e sobre os aspectos positivos de sua estrutura operacional e funcional. Ao mesmo tempo, permitiram a constatação da presença de oportunidades, como, por exemplo, a de pertencer a um universo privilegiado e de excelente conceito no campo educacional brasileiro.

O resultado final dessas reflexões foi a escolha dos parâmetros ambientais mais significativos (representados por um elenco de oportunidades e de ameaças), assim como a caracterização de importantes traços organizacionais, (representados pelos pontos fortes e fracos) identificados em seu âmbito de atuação. A escolha consensual desses fatores e o cruzamento de cada um deles com os demais, resultaram na aferição do potencial ofensivo e defensivo da FA assim como da sua vulnerabilidade e debilidade.

A interpretação do resultado de tais cruzamentos e a pontuação obtida para cada quadrante da matriz estratégica, comentada a seguir, serve como fundamentação do diagnóstico situacional da FA.

A FA está inserida em um ambiente bastante favorável, que é a Universidade de Brasília. Sendo parte da UnB, a FA pode valer-se de elementos ambientais positivos, como a localização estratégica na capital federal, a boa imagem institucional da UnB e a credibilidade que esta universidade consolidou ao longo de seus 40 anos de existência. Somam-se a esses elementos do contexto educacional brasileiro, algumas implicações decorrentes do fenômeno da globalização, principalmente no aspecto da economia, uma vez que esta trouxe nova dinâmica de mercado de trabalho e de desenvolvimento científico com o incremento da demanda por cursos de alta qualidade, maior especialização e maior diversidade. As novas exigências das organizações e o aumento da procura por profissionais mais versáteis e capacitados atiçaram a concorrência pelos cursos oferecidos pela UnB que, além de serem ofertados como ensino público gratuito, são considerados de excelente qualidade pelo mercado de trabalho.

Figura 5 – Matriz de análise estratégica

POTENCIAL OFESIVO	81	81	POTENCIAL DEFENSIVO
DEBILIDADE OFENSIVA	74	71	VULNERA-BILIDADE

Pontuação

1. Pouco significativa
2. Significativa
3. Muito significativa

	Oportunidades							Ameaças							
	1. UnB: Imagem, estabilidade institucional, e credibilidade	2. Grande demanda, originária dos mercados local, regional e nacional	3. Potencial ampliação, diversificação, cursos, pesquisas, integração, outras entidades, intercâmbio, parcerias	4. Loc. estratégica, interação poder público nacional, estadual, municipal	5. Mercado de trabalho dinâmico e crescente	6. Possibilidade incorporação novos, modernos recursos tecnologia informação	SUBTOTAL	1. Restrições orçamentárias, dificuldades burocráticas e entraves legais	2. Possível privatização e necessidade de tornar-se competitiva	3. Dificuldades com reposição, desenvolvimento, remuneração docente	4. Pouco investimento em tecnologia, equipamentos e acervo técnico	5. Mercado de trabalho mais exigente, necessidade programa educação continuada	6. Falta de integração entre as diversas áreas de conhecimento	SUBTOTAL	TOTAL
Pontos fortes															
1. Elevado padrão de ensino, boa formação e avaliação de corpo docente	3	3	3	2	3	3	**17**	2	3	2	2	3	3	**14**	**31**
2. Elevado padrão do processo seletivo	3	2	1	1	2	1	**10**	1	2	1	1	1	1	**7**	**17**
3. Bom nível de escolaridade dos alunos	3	2	1	1	2	1	**10**	1	2	1	2	3	1	**10**	**20**
4. Capacidade institucional da FA	1	1	3	3	2	3	**13**	3	2	2	3	3	3	**16**	**29**
5. Existência de uma fundação de apoio	2	3	3	3	2	2	**15**	3	3	3	3	3	3	**18**	**33**
6. Oferta de novos cursos de especialização	3	3	3	2	3	2	**16**	3	3	2	2	3	3	**16**	**32**
SUBTOTAL	**15**	**14**	**14**	**12**	**14**	**12**	**81**	**13**	**15**	**11**	**13**	**16**	**13**	**81**	
Pontos fracos															
1. Orçamento insuficiente e precariedade das instalações, laboratórios e equipamentos	3	3	3	2	3	3	**17**	3	3	3	3	2	1	**15**	**32**
2. Dispersão física de suas unidades e necessidade de maior espaço físico	1	1	2	1	1	1	**7**	2	1	1	1	1	2	**8**	**15**
3. Insuficiência de técnicos e docentes, salários defasados	3	3	3	1	3	2	**15**	3	3	3	2	1	1	**14**	**29**
4. Necessidade de atualização curricular	2	2	3	1	2	2	**12**	1	2	1	2	3	2	**11**	**23**
5. Pouco incentivo ao aprimoramento de docentes e técnicos	3	2	3	1	2	2	**13**	3	3	3	2	2	2	**15**	**28**
6. Falta de segurança interna e externa	2	2	2	1	1	2	**10**	2	1	1	2	1	1	**8**	**18**
SUBTOTAL	**14**	**13**	**16**	**7**	**12**	**12**	**74**	**14**	**13**	**12**	**12**	**11**	**9**	**71**	
TOTAL	**29**	**27**	**30**	**19**	**26**	**24**		**27**	**28**	**23**	**25**	**27**	**22**		

No cenário projetado foram identificadas oportunidades para o crescimento e a consolidação da FA na área das ciências sociais aplicadas, ampliando seu campo de atuação, tanto em relação à diversidade de cursos na graduação e na pós-graduação quanto no aspecto da qualidade e da originalidade dos recursos educacionais e de outros produtos oferecidos ao mercado na forma de consultorias na esfera organizacional, por exemplo.

- **Potencial ofensivo**

A análise desses fatores apontou para um elenco de oportunidades que, confrontado com os pontos fortes identificados, resultaram na constatação de um "Potencial ofensivo" bastante otimista e, portanto, favorável ao estabelecimento de objetivos estratégicos e metas mais ambiciosas. Foram registrados 81 pontos para o potencial ofensivo da FA (ameaças mais pontos fortes), significando que as qualidades existentes na estrutura organizacional da FA são muito favoráveis ao aproveitamento das oportunidades que o ambiente oferece.

A possibilidade de incorporação de novos e modernos recursos de tecnologia da informação, aliada ao potencial para a ampliação e a diversificação de cursos e pesquisas e de realização de intercâmbios e parcerias, vem ao encontro das necessidades de um mercado dinâmico e crescente. Essas oportunidades são potencializadas pelo reconhecido padrão de ensino e de formação do corpo docente e pelo bom nível de escolaridade dos alunos que ingressam na UnB.

- **Potencial defensivo**

De forma semelhante, um resultado favorável foi obtido quando confrontadas as *ameaças* identificadas no ambiente com as mesmas qualidades reconhecidas como *pontos fortes*, suficientes para minimizar ou até mesmo neutralizar algumas dificuldades, como, por exemplo, a existência de restrições orçamentárias, obstáculos burocráticos e outros entraves oriundos da legislação restritiva de uma administração pública. Os 81 pontos registrados para o potencial defensivo originaram-se, principalmente, em razão da possibilidade de se utilizar uma fundação de apoio como instrumento de ação da FA, a FEPAD, que ao mesmo tempo pode oferecer assessoramento técnico e produzir recursos financeiros por meio da prestação de serviços de consultoria ao mercado de Brasília. Outras forças significativas em relação às ameaças foram a capacidade institucional da FA e a possibilidade de oferta de novos cursos de especialização e mestrado.

- **Debilidade ofensiva**

Em contrapartida aos aspectos discutidos, os pontos identificados como *fracos* na dinâmica operacional e funcional da FA são também bastante significativos, a ponto de restringir o aproveitamento de *oportunidades* como, por exemplo, o potencial para ampliação e diversificação de cursos e pesquisas, a almejada integração com outras entidades e a viabilização de intercâmbios e parcerias com outras instituições.

A precariedade das instalações, dos laboratórios e dos equipamentos, assim como a insuficiência orçamentária, apresentaram pontuação acima do nível aceitável como razoável no quadrante referente à debilidade ofensiva, sendo necessário, portanto, o estabelecimento de programas e de ações que redirecionem e diminuam as disfunções mais críticas. O total de pontos para a debilidade ofensiva foi 74 o que significa que os pontos fracos têm uma grande importância em relação às oportunidades que o ambiente oferece, podendo dificultar ou até anular a possibilidade de aproveitamento dessas oportunidades. A identificação de disfunções, tais como o pouco incentivo ao aprimoramento de docentes e de técnicos e a dispersão física das unidades da FA devem merecer atenção especial, de modo que sejam reavaliadas e redirecionadas com a implantação de nova filosofia de atuação, visando revertê-las e até transformá-las em pontos fortes.

- **Vulnerabilidade**

O grau de vulnerabilidade também é motivo para atenção especial uma vez que fica constatada, pela análise da matriz estratégica, a ausência de elementos internos que absorvam o impacto das ameaças. Como exemplo mais significativo, pode-se citar a precariedade das instalações e dos laboratórios e equipamentos, o que, em confronto com a ameaça de redução de investimentos em tecnologia, equipamentos e acervo técnico, reduz as possibilidades de aproveitamento das oportunidades e pode até torná-las praticamente nulas. Os pontos fracos identificados, de maneira geral e, em especial, a insuficiência orçamentária e o pouco incentivo ao corpo docente e técnico, acabam por tornar ainda mais vulnerável a posição da FA diante das ameaças, tornando-se imprescindível a adoção de ações corretivas que redirecionem e transformem as debilidades encontradas. A soma nesse caso foi de 71 pontos e também representa um nível acima do razoável no quadrante Vulnerabilidade.

O diagnóstico estratégico realizado para a FA pode ser sintetizado da seguinte forma:

1) Existem elementos favoráveis no ambiente externo e o cenário é bastante promissor.
2) O confronto de oportunidades com as qualidades administrativas e operacionais da FA é bem satisfatório. Entretanto, atenção especial deve ser dada à definição de estratégias e planos de ação, no sentido de solucionar ou, pelo menos, minimizar as disfunções, de forma a aumentar a capacidade da FA para enfrentar e diminuir as ameaças e os ofensores no meio ambiente.
3) Os principais pontos fracos estão centrados na questão orçamentária, de forma que, uma vez solucionada ou minimizada essa questão, torna-se possível a realização de maiores investimentos em instalações, equipamentos, treinamento e remuneração do corpo técnico e docente, possibilitando promover a atualização curricular, de maneira que os programas de cursos sejam adaptados às exigências e às necessidades do mercado.
4) A construção de instalações próprias e exclusivas para a FA abrigar, no mesmo espaço físico, todos os cursos e acomodar a incorporação de outros como o de Economia, também pode constituir-se em ação eficaz aos propósitos desejados.

Concluído e aceito o diagnóstico sobre a situação atual da FA, a fase seguinte consiste na análise estratégica. Será concentrada: (a) na definição dos objetivos estratégicos, que devem ser exeqüíveis e consistentes com as orientações estratégicas, e (b) na formulação das estratégias para se alcançar tais objetivos. Visa-se à formulação de programas e projetos que, à medida em que forem implementados, resultarão em evidências de uma gestão eficaz, focada na missão e nas competências essenciais da FA.

5.5 Objetivos para a FA

Quanto aos objetivos da FA, foi consenso do grupo dividi-los em objetivos institucionais, objetivos estruturais e objetivos de ensino, pesquisa e extensão. Assim, foram estabelecidos os seguintes:

- **Objetivos institucionais**

✓ Tornar-se um centro de excelência de ensino e pesquisa em Administração, Ciências Contábeis e Atuariais, e Ciência da Informação.

✓ Tornar-se um modelo de referência para as outras unidades da UnB na área de gestão e planejamento e, especificamente, em administração estratégica.

✓ Promover a integração dos cursos de Administração, Contabilidade, Economia e Ciência da Informação.

✓ Promover a construção de um prédio para integração física dos departamentos da FA.

✓ Promover a discussão e a implantação de um orçamento estratégico e participativo para a FA.

✓ Participar efetivamente dos conselhos superiores de administração da Universidade.

✓ Promover maior integração entre os corpos docente, discente e de servidores.

- **Objetivos estruturais**

✓ Promover a reestruturação administrativa da FA e de seus departamentos visando adequado cumprimento de sua missão e objetivos.

✓ Promover fundação de apoio nos departamentos.

✓ Captar recursos para promover estudos e pesquisas interdepartamentais.

✓ Obter a ampliação do quadro de professores e técnicos.

✓ Promover a capacitação de professores e de servidores, visando sua participação e crescimento no contexto da FA.

✓ Aumentar os recursos financeiros, orçamentários e extraorçamentários por meio de maior participação na matriz de recursos e na captação de projetos.

✓ Criar instrumentos para disseminar os atos e as resoluções da FA entre os departamentos.
✓ Promover reuniões informais de integração entre o Diretor, os departamentos e as demais unidades acadêmicas.

- **Objetivos para a área de ensino, pesquisa e extensão**

✓ Promover a melhoria do nível de ensino de graduação e pós-graduação.
✓ Contribuir para que os departamentos ofereçam cursos de doutorado de Administração, em 2004 e de Ciências Contábeis, em 2006.
✓ Promover cursos de especialização nas áreas de atuação da FA.
✓ Fomentar a ampliação, modernização ou instalação de novos laboratórios de informática nos departamentos; 5. Institucionalizar o Centro de Estudos de Governo e Administração Pública; 6. Incentivar a produção acadêmica do corpo docente; 7. Promover cursos, seminários e congressos de interesse interdepartamental; 8. Apoiar o movimento de criação de organizações juniores nos departamentos como forma de estimular o empreendedorismo na Universidade.

5.6 Diretrizes estratégicas para a FACE – 2006

Por último, no sexto e último encontro, os participantes definiram as diretrizes estratégicas relevantes a serem desenvolvidas no Plano estratégico da FA/UnB para o período de 2001-2006:

- **Curso de Economia integrado à estrutura da FA**

Motivações:

1) Aglutinação natural por afinidade.
2) Demanda do mercado.
3) Interdisciplinaridade.
4) Racionalização do uso de recursos.
5) Exemplos positivos em outras boas universidades.

Diretrizes

1) Instituir uma fundação de apoio aos departamentos da FA.
2) Ressaltar a importância da integração e da interdisciplinaridade.
3) Oferecer infra-estrutura adequada também para o departamento de Economia.

- **Maior oferta de cursos de pós-graduação e extensão**

Motivações

1) Demanda do mercado.
2) Limitação de expansão na graduação.
3) Educação continuada.

Diretrizes:

1) Estabelecer um programa de capacitação de professores para atuação em cursos de pós-graduação, especialmente doutorado.
2) Instituir entidade para ministrar cursos de especialização (MBA).
3) Desenvolver políticas mais agressivas de *marketing*.
4) Formular programas de educação continuada para concluintes da graduação.
5) Aumentar a infra-estrutura para a pós-graduação.

- **Expansão do orçamento**

Motivações

1) Possibilidade de investimentos em infra-estrutura.
2) Viabilização do programa de desenvolvimento de docentes e técnicos.
3) Investimentos em programas de qualidade.

Diretrizes

1) Criar novas fontes de recursos.
2) Fazer *benchmarking* com outras universidades que geram recursos próprios.
3) Participar ativamente do processo orçamentário da UnB.
4) Criar o planejamento orçamentário da FA, racionalizando a aplicação de recursos.

- **Excelência do ensino**

Motivações

1) Atendimento de forma crescente à demanda do mercado.
2) Manutenção da imagem já conquistada.
3) Possibilidade de contribuição significativa para a melhoria do ensino de nível superior.

Diretrizes

1) Difundir e consolidar, na FA, uma cultura de excelência do ensino.
2) Manter ou melhorar o nível de qualidade dos cursos de graduação e pós-graduação nas avaliações de ensino do MEC, visando alcançar a excelência.
3) Promover a revisão dos currículos, visando à excelência do ensino.

- **Integração entre departamentos**

Motivações

1) Consolidação da importância da sinergia.
2) Possibilidade de alcançar níveis maiores de produtividade com a cooperação entre departamentos.
3) Prestação de mais e melhores serviços.
4) Aprimoramento da administração dos departamentos, racionalizando custos e democratizando tecnologias e conhecimentos.

Diretrizes

1) Promover eventos comuns, envolvendo todos os departamentos;
2) Ressaltar a importância da interdisciplinaridade.
3) Oferecer infra-estrutura adequada aos departamentos.
4) Conquistar e manter o nível de excelência nas avaliações de ensino do MEC.

- **Ser um modelo de organização para a UnB**

Motivações

1) Perspectiva de corresponder às necessidades do mercado de trabalho.
2) Contribuição para o aprimoramento institucional da UnB.
3) Implantação de um modelo de referência da gestão estratégica na UnB.

Diretrizes

1) Conseguir dos docentes e técnicos da FA o comprometimento com a visão concebida.
2) Intensificar o relacionamento com as entidades externas, nacionais e estrangeiras.

Capítulo 6

Visão de futuro da FACE – 2006

Gileno Fernandes Marcelino

6.1 Desenvolvimento de cenários prospectivos para a FACE – 2006

Neste capítulo desenvolvem-se três cenários prospectivos ou visões para a FACE sobre as possíveis situações que se poderia alcançar até o ano de 2006, indicadas pelas letras A, B e C, chamados respectivamente de cenários Pessimista, Projetado e Otimista, conforme conceitos mostrados no Quadro 9.

Cada cenário representa situações futuras possíveis, distintas das demais em aspectos quantitativos e/ou qualitativos, que se poderia alcançar até 2006 por meio de estratégias de atuação que impedissem a situação do ano 2000. Os cenários foram baseados na situação da UnB e da FACE (incluindo o curso de Economia) no ano 2000, conforme estudo realizado nos itens anteriores. Um desses cenários será escolhido e justificado como visão de futuro que servirá de base para o planejamento estratégico da FACE.

A partir da análise do panorama geral da educação brasileira e do estudo sobre a situação específica da UnB e da FACE (incluindo o curso de Economia) realizado até aqui, podem-se projetar três cenários prospectivos para o ano de 2006, assim considerados:

Quadro 10 – Características dos três tipos de cenários alternativos para a FACE, UnB, 2006

Tipo de cenário	Conceituação
A – Cenário pessimista	É o cenário que provavelmente será alcançado se mantidas as atuais tendências, ou seja, no caso de não serem realizadas intervenções significativas que mudem o curso dos acontecimentos no sentido de alcançar melhorias significativas.
B – Cenário projetado	É o cenário desejado e considerado factível por meio de intervenções planejadas, visando aproveitar as oportunidades e superar ameaças ou restrições esperadas e alcançar significativamente melhorias.
C – Cenário otimista	E o cenário que será possível alcançar no caso de condições favoráveis para o sucesso da maioria das ações, com intervenções que mudem os parâmetros da situação atual para um nível ótimo.

A escolha do ano 2006 como marco futuro para a construção dos cenários deve-se a dois motivos. Primeiro, porque é uma perspectiva de prazo bastante razoável para o planejamento estratégico da FACE levando-se em conta as mudanças rápidas da atualidade. Segundo, porque em 2005 encerra-se a atual administração da FACE, quando deverá ocorrer novo processo eleitoral interno que definirá a próxima administração. Considera-se ainda que a ocorrência de eleições para Presidente da República em 2002 e a mudança da equipe de ministros, especialmente no Ministério da Educa-ção, acarretaram algumas mudanças nas políticas públicas da área da educação, de modo que provavelmente será necessário fazer a revisão das estratégias da FACE, em 2005, no início de sua próxima administração.

- **Cenários para os cursos de graduação da FACE em 2006**

Neste item, serão feitas algumas simulações dos cenários A, B e C e discutidas suas implicações quanto aos seguintes aspectos:

1) Número de inscritos no Vestibular e no PAS, de vagas oferecidas e de candidatos selecionados FACE para os cursos de graduação – projeções para 2006.
2) Número de matrículas (ou ingressos totais) nos cursos da FACE – Vestibular, PAS e outras vias – projeções para 2006.
3) Número de alunos regulares registrados na FACE – projeções para 2006.
4) Número de alunos formados nos cursos de graduação da FACE – projeção para 2006.
5) Qualidade dos cursos de graduação da FACE – projeções para 2006.

- **Número de inscritos no vestibular, de vagas oferecidas e de candidatos selecionados/FACE – graduação: projeções para 2006**

Neste item, desenvolvem-se as projeções dos cenários A, B e C para os cursos de graduação da FACE quanto ao número de inscritos no Vestibular, de vagas oferecidas e de candidatos selecionados para a FACE em 2006.

Cenário A – Pessimista: mantêm-se os mesmos cursos atuais na FACE e a mesma situação do ano 2000 com relação ao número de vagas oferecidas e previsão de candidatos selecionados. Estima-se, entretanto, um aumento de 30% no número de inscritos no Vestibular e PAS em relação ao ano 2000, conforme demonstra a Tabela 48.

Quanto ao número de cursos, o cenário pessimista considera que em 2006 a FACE mantenha os seus atuais seis cursos de graduação sem criar ou abrigar novos cursos; o cenário projetado é que a FACE, além de continuar com os seus seis cursos atuais, incorpore em sua estrutura o curso de graduação em Economia que atualmente faz parte do Instituto de Ciências Humanas (IH).

Quadro 11 – Cenários para a graduação e pós-graduação, FACE, 2000-2006

Nível	Situação atual 2000-2001		Projeções para 2006		
	Cursos	**Turno**	**A – Cenário pessimista**	**B – Cenário projetado**	**C – Cenário otimista**
Cursos de graduação	Administração	D	Administração	Administração	Administração
	Administração	N	Administração	Administração	Administração
	Arquivologia	N	Arquivologia	Arquivologia	Arquivologia
	Biblioteconomia	D	Biblioteconomia	Biblioteconomia	Biblioteconomia
	Ciências Contábeis	D	Ciências Contábeis	Ciências Contábeis	Ciências Contábeis
	Ciências Contábeis	N	Ciências Contábeis	Ciências Contábeis	Ciências Contábeis
	–	–	–	Economia	Economia
	–	–	–	–	Expansão de vagas
Total	6		6	7	7
	Cursos	**Nível**	**Projeções para 2006**		
Cursos de pós-graduação	Administração	M	Administração	Administração	Administração
	Ciência da Informação	M	Ciência da Informação	Ciências da Informação	Ciências da Informação
	Ciências Contábeis	M	Ciências Contábeis	Ciências Contábeis	Ciências Contábeis
	–	M	–	Economia	Economia
	–	MP	–	Economia Profissionalizante	Economia Profissionalizante
	Ciência da Informação	D	Ciência da Informação	Ciência da Informação	Ciência da Informação
	–	D	–	Economia	Economia
	–	D	–	Administração	Administração
	Administração MBA*		–	Administração	Administração
	Administração MBA*		–	Administração	Administração
	–		–	–	Expansão de vagas
Total	4		4	10	10

* Cursos a serem definidos de acordo com pesquisa de mercado.
D – Diurno; N – Noturno; M – Mestrado; D – Doutorado

Tabela 47 – Cenário pessimista para a graduação: número de inscritos, de vagas, candidatos por vaga, e de selecionados, FACE – (projeções para 2006)

Unidade acadêmica	Turno	Nº de Inscritos (Vest. + PAS)*		Nº de vagas (Vest. + PAS)		Candidatos por vagas		Nº de Selecionados
Curso		1º Sem.	2º Sem.	1º Sem.	2º Sem.	1º Sem.	2º Sem.	Total
Administração	D	926	874	40	40	23,1	21,8	80
Administração	N	1090	1206	42	42	25,9	28,7	84
Arquivologia	N	675	650	40	40	16,8	16,2	80
Biblioteconomia	D	520	530	40	40	13,0	13,2	80
Ciências Contábeis	D	385	484	40	40	9,63	12,1	80
Ciências Contábeis	N	554	786	42	42	13,2	18,7	84
Total FACE		4.150	4.530	244	244			488
Total anual		8.680		488		17,8		488

* Projeção de acréscimo de 30% de candidatos inscritos em relação ao ano de 2000.
D – Diurno; N – Noturno

Cenário B – Projetado: a FACE deverá manter os seus seis cursos oferecidos até 2003 – três diurnos e três noturnos, mas deverá, além disso, planejar e implementar, mediante articulação com outras unidades acadêmicas e a Reitoria da UnB, as seguintes mudanças:

1) incorporar à estrutura da FACE os cursos de graduação em Economia que atualmente fazem parte do Instituto de Ciências Humanas;
2) criar um novo curso na área de pós-graduação: o doutorado em Administração.
3) criar dois cursos de pós-graduação profissionalizante (MBA) – especialização em áreas a serem definidas posteriormente (exemplo: MBA em Administração orientada ao Marketing e MBA em Administração orientada à Gestão Pública) com 30 vagas por turma. Esses cursos seriam implementados mediante convênio com uma das fundações de apoio da UnB e comercializados visando obter recursos para investimentos nas demais atividades.

Tabela 48 – Cenário projetado para a graduação: número de inscritos, de vagas, de candidatos por vaga, de selecionados, FACE (projeções para 2006)

Unidade acadêmica / Curso	Turno	Nº de Inscritos (Vest. + PAS)* 1º Sem.	Nº de Inscritos (Vest. + PAS)* 2º Sem.	Nº de vagas (Vest. + PAS) 1º Sem.	Nº de vagas (Vest. + PAS) 2º Sem.	Candidatos por vagas 1º Sem.	Candidatos por vagas 2º Sem.	Nº de selecionados Total
Administração	D	926	874	40	40	23,1	21,8	80
Administração	N	1090	1206	42	42	25,9	28,7	84
Arquivologia	N	675	650	40	40	16,8	16,2	80
Biblioteconomia	D	520	530	40	40	13,0	13,2	80
Ciências Contábeis	D	385	484	40	40	9,63	12,1	80
Ciências Contábeis	N	554	786	42	42	13,2	18,7	84
Total FACE		4.150	4.530	244	244			488
Total anual		8.680		488		17,8		488
Economia	D	425	423	40	40	10,6	10,6	80
Total FACE+ECO		4.575	4.953	284	284			
Total anual FACE+ECO		9.528		648		16,8		568

* Projeção de acréscimo de 30% de candidatos inscritos em relação ao ano de 2000.
D – Diurno; N – Noturno

Cenário C – Otimista: considera, além da inclusão do curso de Economia na estrutura da FACE, um aumento de aproximadamente 15% no número de vagas oferecidas para todos os cursos de graduação da FACE em relação às vagas oferecidas no ano de 2000. Prevê-se, também, um aumento de 30% no número de inscritos no Vestibular + PAS, já considerado nos cenários A e B e o aumento da relação de candidatos/vaga de 14,7 – ou seja, um valor pouco abaixo do índice estimado para esses dois últimos, conforme a Tabela 49.

Tabela 49 – Cenário otimista para a graduação: número de inscritos, de vagas, de candidatos por vaga, de selecionados e ECO – FACE (projeções para 2006)

Unidade acadêmica / Curso	Turno	Nº de Inscritos (Vest. + PAS)* 1º Sem.	Nº de Inscritos (Vest. + PAS)* 2º Sem.	Nº de vagas (Vest. + PAS) 1º Sem.	Nº de vagas (Vest. + PAS) 2º Sem.	Candidatos por vagas 1º Sem.	Candidatos por vagas 2º Sem.	Nº de Selecionados Total
Administração	D	926	874	40	40	21	19,9	88
Administração	N	1090	1206	50	50	21,8	24,1	100
Arquivologia	N	675	650	48	48	14,1	15,3	96

Continua na próxima página →

Unidade acadêmica	Turno	Nº de Inscritos (Vest. + PAS)*		Nº de vagas (Vest. + PAS)		Candidatos por vagas		Nº de selecionados
Curso		1º Sem.	2º Sem.	1º Sem.	2º Sem.	1º Sem.	2º Sem.	Total
Biblioteconomia	D	520	530	44	44	11,8	12	88
Ciências Contábeis	D	385	484	44	44	8,8	11	88
Ciências Contábeis	N	554	786	50	50	11,1	158,7	100
Total FACE		4.150	4.530	280	280			560
Total anual		8.680		560		15,5		560
Economia	D	425	423	44	44	9,7	9,6	88
Total FACE+ECO		4.575	4.953	324	324			648
Total anual FACE+ECO		9.528		648		14,7		648

* Projeção de acréscimo de 30% de candidatos inscritos em relação ao ano de 2000.
D – Diurno; N – Noturno

No cenário otimista, a taxa média de crescimento do número de vagas da FACE em 2006 em relação às vagas disponibilizadas no ano 2000 é de 560/498 = 14,7%, considerando a agregação do curso de Economia à FACE. Como resultado dessas projeções a relação dos cursos de graduação e pós-graduação que seriam oferecidos pela FACE em 2006 para cada um dos cenários é a seguinte:

• **Número de matrículas nos cursos da FACE – Vestibular, Pas e outras vias – projeções para 2006**

A Tabela 50 mostra a projeção de outras formas de ingresso nos cursos da FACE para os cenários A, B e C, em 2006, e consolida os ingressos totais de alunos nos diversos cursos, somando os ingressos por meio do Vestibular e do PAS com os acréscimos de ingressos por outras vias, estes estimados com ligeiro aumento em relação aos que ocorreram em 2000.

Pela Tabela 50, o crescimento do efetivo do ingresso total de alunos nos departamentos da FACE por meio do vestibular, PAS e outras vias, é de 18,7% para o cenário projetado – B e de 34,4% para o cenário otimista – C. O crescimento das matrículas totais, projetado para o cenário B, decorre do acolhimento do curso de Economia e, somente no cenário C, ocorre uma expansão real no número de vagas dos cursos, da ordem de 14%. Para o cenário pessimista – A são mantidas as condições de 2000 e o crescimento é nulo.

Tabela 50 – Cenários para a graduação: número de ingressos (Vestibular, Pas e outras vias), FACE e ECO, (projeções para 2006)

Cursos	Turno	Número de Ingressos								
		A – Cenário pessimista			B – Cenário projetado			C – Cenário otimista		
		Vest. + PAS	Outras vias	Total	Vest. + PAS	Outras vias	Total	Vest. + PAS	Outras vias	Total
Administração	D	80	30	110	80	32	112	88	34	122
Administração	N	84	16	100	84	18	102	100	20	120
Arquivologia	N	80	–	80	80	–	80	96	–	96
Biblioteconomia	D	80	2	82	80	3	83	88	6	94
Contabilidade	D	80	3	83	80	5	85	88	6	94
Contabilidade	N	84	7	91	84	10	94	100	12	112
Total FACE		488	58	546	488	68	556	560	78	638
Economia	D	–	–	–	80	12	92	88	8	96
Total FACE+ECO		488	58	546	568	80	648	648	86	734
Total de crescimento por cenários (%)		*			18,7			34,4		

* Ano base 2000 = 546.
D – Diurno; N – Noturno

No cenário otimista – C a taxa média de crescimento do número de vagas na FACE, no ano de 2006, em relação às vagas disponibilizadas no ano de 2000, é de 51,8%.

A Tabela 50 mostra a projeção de outras formas de ingresso nos cursos da FACE para os três cenários, em 2006, e consolida os ingressos totais de alunos nos diversos cursos, somando os ingressos por meio do Vestibular e do PAS com os acréscimos estimados em cada curso, ligeiramente aumentados.

• Número de alunos formados nos cursos de graduação da FACE – Projeção para 2006

A Tabela 51 mostra uma projeção sobre a quantidade de alunos que deverão concluir os cursos de graduação para os cenários de 2006.

Tendo em vista o fluxo normal de turmas de efetivos semelhantes, pode-se estimar para os próximos anos, até 2006, inclusive, que será mantido o mesmo número de alunos formados no ano de 2000, pois a expansão no número de vagas dos cursos projetada para o cenário otimista – C somente teria reflexo no número de formandos a partir de 2006. Assim, considera-se apenas o acréscimo de formandos decorrente da incorporação do curso de Economia à FACE, no caso dos cenários B e C.

Tabela 51 – Cenários para a graduação: número de alunos formados, FACE e ECO (projeções para 2006)

Cursos	Turno	Número de alunos formados		
		A – Cenário pessimista	B – Cenário projetado	C – Cenário otimista
Administração	D	73	73	73
Administração	N	54	54	54
Arquivologia	N	44	44	44
Biblioteconomia	D	39	39	39
Ciências Contábeis	D	50	50	50
Ciências Contábeis	N	36	36	36
Economia	D	–	80	80
Total FACE + ECO		**296**	**376**	**376**

* Ano base 2000 = 546.
D – Diurno; N – Noturno

Tendo em vista a perspectiva da expansão de vagas examina-se a seguir o aumento do número total de alunos regulares para a hipótese de ingressos adicionais a cada semestre, durante oito semestres consecutivos, para os cursos da FACE, para os cursos de Economia separadamente e esses cursos em conjunto.

Para referência dos cenários para a FACE em 2006, a Tabela 52 apresenta projeções sobre o número de alunos ativos nos diversos cursos, considerando-se uma maior expansão de vagas nos cursos noturnos em relação à expansão de vagas nos cursos diurnos na proporção de duas vagas adicionais nos primeiros para uma vaga adicional nos últimos, conforme foi sugerido.

Tabela 52 – Cenários para graduação: número de alunos regulares da FACE e ECO (projeções para 2006)

UA	Alunos regulares – 2000			Acréscimo de vagas		Alunos regulares – 2003	
	1º Sem.	2º Sem.	Média	Noturno*	Diruno**	Acrésc. 8 Sem.	Total
FACE	2.158	2.179	2.168	24	12	288	2.456
ECO	341	341	341	–	6	48	389
Total	2.499	2.520	2.509	24	18	336	2.845

Fonte: Anuário Estatístico da UnB, 2000.
* Cursos noturnos: Administração, Arquivologia e Ciências Contábeis – aumento de 8 vagas em cada turma;
** Cursos diurnos: Administração, Biblioteconomia e Ciências Contábeis – aumento de 4 vagas por turma. Economia: aumento de 6 vagas por turma.

A Tabela 52 mostra que a junção do curso de Economia à FACE, com 341 alunos regulares, aumentará a média semestral de 2.168 para 2.509 alunos. Isso significa que, tão logo ocorra essa junção, haverá um aumento imediato de 15,7% no total de alunos da FACE.

Verifica-se, entretanto, que a expansão das vagas nos cursos, conforme sugerido, deverá gerar um aumento cumulativo do número total de alunos regulares nos anos seguintes. Pela Tabela 52, verifica-se que as projeções são de 288 alunos para o caso de expansão das vagas nos cursos da FACE e de 48 alunos para o caso de expansão das vagas no curso de Economia, representando em conjunto um total de 336 alunos. Esse total somente seria alcançado, entretanto, depois dos oito semestres de duração regular dos cursos, aumentando o efetivo de alunos regulares da FACE de 2.509 para 2.845 (13,4%).

Considerando o exposto, a FACE poderá ter ao todo um acréscimo semestral de 36 alunos regulares ou de 42, este último no caso de agregação do curso de Economia à FACE. Essa expansão possibilitará que a FACE alcance, em 2006, sua capacidade máxima de expansão de vagas por meio de simples aumento no efetivo das turmas.

Os cenários desenvolvidos neste estudo incorporam as alternativas de expansão de vagas. A partir daí, novas expansões de vagas deverão implicar, em princípio, na abertura de novas turmas nos cursos atuais existentes ou na criação de outros cursos, pois as turmas estariam funcionando no limite de capacidade.

Na Tabela 53, as projeções dos efetivos totais de alunos matriculados nos cursos de graduação da FACE em cada um dos cenários A, B e C são mostrados.

Tabela 53 – Cenários para a graduação: número médio de vagas, FACE e ECO (projeções para 2006)

Curso	Nº médio de vagas/2000		A – Cenário pessimista			B – Cenário projetado			C – Cenário otimista		
	Turno	Total	Efetivo /semestre	Acréscimo /semestre	Acréscimo em 8 sem.	Efetivo /semestre	Acréscimo /semestre	Acréscimo em 8 sem.	Efetivo /semestre	Acréscimo /semestre	Acréscimo em 8 sem.
Administração	D	785	400	–	–	400	–	–	400	5	40
Administração	N	861	440	–	–	440	–	–	440	4	32
Arquivologia	N	603	300	–	–	300	–	–	300	0	0
Biblioteconomia	D	631	316	–	–	316	–	–	316	0	0
Contabilidade	D	633	316	–	–	316	–	–	316	4	32
Contabilidade	N	724	362	–	–	362	–	–	362	4	32
Total FACE	**4.234**		**2.134**			**2.134**			**2.302**		
Crescimento	**		0,5%			0,5%			8,5%		
Economia*	D	–	–	–	–	340	–	–	340	4	32
Total FACE + ECO	**4.243**		**2.134**	**–**	**–**	**2.474**	**–**	**–**	**2.474**	**21**	**168**
Total efetivo+acrésc.			**2.134**			**2.474**			**2.642**		
Total anual	**4.243**		**4.268**			**4.948**			**5.284**		
			Cenário A			Cenário B			Cenário C		
Crescimento	**		0,6%			16,6%			24,5%		

* = Novos cursos
** Ano Base 2000 = 4.243

A Tabela 53 mostra as projeções de efetivos totais da FACE para cada um dos cenários. A primeira coluna serve de base para as estimativas e mostra o número de alunos regulares no ano 2000, por semestre e total anual. No cenário A, considera-se que, mantido o mesmo número dos que ingressam no ano 2000, o número de alunos regulares seja o mesmo para os semestres seguintes, com variações estimadas de 0,6% em virtude dos ingressos por outras formas. No cenário B, considera-se essa mesma situação mais o acréscimo de alunos referente à agregação do curso de Economia à FACE, o que acarretaria um aumento do número total de alunos regulares da FACE de 16,6%, por transferência do IH. No cenário C, registra-se, na segunda coluna, o acréscimo semestral de vagas em cada curso e sua projeção cumulativa para 8 semestres – 2003 a 2006. Esse acréscimo é acumulado à medida que novas turmas com efetivo aumentado sejam incorporadas, chegando-se na situação de pico após decorridos oito semestres sucessivos, em cada curso.

O acréscimo de um curso no cenário B e C e o aumento de vagas nos cursos previstos no cenário C acarretam um aumento no total de alunos regulares da FACE de 0,5%, 16,6% e 24,5%, nos cenários A, B e C, respectivamente.

- **Qualidade dos cursos de graduação da FACE – projeções para 2006**

Para quaisquer dos cenários escolhidos como base do planejamento estratégico da FACE, a preocupação com a qualidade do ensino proporcionado por seus departamentos é uma premissa fundamental. Os principais indicadores são: o Exame Nacional de Cursos (Provão/MEC) e a avaliação das condições de oferta dos cursos pelo MEC/Sesu.

Para os cursos de Administração e Economia, que já estão sendo avaliados pelo "Provão do MEC", a manutenção do conceito "A" no Provão é a preocupação principal. Para os demais cursos (Biblioteconomia, Arquivologia e Ciências Contábeis, mais Economia), deve-se montar um sistema de acompanhamento e controle das atividades didático-pedagógicas com base nos indicadores usados pelo MEC, de modo a monitorar o desempenho e introduzir tempestivamente as melhorias necessárias para a obtenção do padrão otimista de excelência em ensino em todos os cursos, tão logo venham a ser avaliados pelo MEC.

Na avaliação das condições de oferta dos cursos de graduação da FACE pelo MEC/Sesu, no período de 2002-2006, também deverão ser mantidos os resultados alcançados no período de 1997-2000, ou seja, o conceito Condições Muito Boas (CMB) para os cursos avaliados e as mesmas condições de funcionamento devem ser estabelecidas para os demais cursos.

- **Avaliação e revisão dos currículos e programas dos cursos da FACE**

Outra medida importante para a manutenção da qualidade do ensino é a revisão completa dos currículos e dos programas de disciplinas que deverá ser realizada nos departamentos da FACE. Em princípio, essa revisão deveria ocorrer pelo menos a cada dois anos, ser abrangente a todos os cursos da FACE e usar metodologia comum, amplamente discutida entre todos os professores.

A realização de pesquisas sobre o perfil dos profissionais já formados pela UnB e a maneira como estão atuando no mercado local poderia fornecer subsídios interessantes para a revisão dos currículos. A atualização das grades curriculares e dos programas das disciplinas deverá preservar consistência com as exigências do mercado, bem como se orientar pelas melhores práticas pedagógicas.

Um aspecto que deverá receber um tratamento mais cuidadoso é o da transdisciplinaridade. Uma medida seria evitar, por exemplo, o tratamento redundante de determinados assuntos em várias disciplinas, fato já observado por alunos e professores. Outra preocupação seria evitar lacunas no conhecimento, ou seja, assuntos não cobertos por nenhuma disciplina e que sejam importantes para a formação profissional dos alunos. Por exemplo, um aprofundamento em Administração Financeira no Curso de Administração deveria levar em conta as práticas atuais de mercado, decorrentes de fusões e incorporações de organizações numa economia globalizada. Atividades interdisciplinares que possibilitem aos alunos desenvolver uma melhor integração de conhecimentos devem ser criadas, por exemplo, pela sistematização de alguns trabalhos que atendam requisitos de duas ou mais disciplinas simultaneamente. Dessa forma, para os três cenários, considera-se que a FACE deverá alcançar, em 2005, os conceitos otimistas de qualidade nos principais sistemas de avaliação estabelecidos pelo MEC ou obter conceitos indicativos de "muito bom" para "ótimo" segundo outros critérios que eventualmente venham a ser adotados até 2006.

A avaliação dos cursos da FACE e do curso de Economia no Exame Nacional de Cursos (Provão/MEC), no período de 2002 a 2006, deverá manter os resultados já alcançados no período de 1996 a 2000, ou seja, o conceito "A".

Os cursos de Biblioteconomia, Arquivologia e Ciências Contábeis, que não participaram do provão até 2000, deverão alcançar também o conceito "A", caso venham a ser avaliados por esse sistema do MEC. Enquanto não houver essa avaliação externa, é recomendável que se estabeleça um sistema de avaliação interna que tenha bastante semelhança com os critérios estabelecidos para o Provão/MEC, de forma que se tenha um monitoramento equivalente para esses cursos e, assim, preservar e garantir elevado padrão de qualidade do ensino em todos os cursos de graduação da FACE.

Na avaliação das condições de oferta dos cursos de graduação da FACE pelo MEC/Sesu no período de 2002-2006 também deverão ser mantidos os resultados alcançados no período de 1997-2000, ou seja, o conceito Condições Muito Boas (CMB) para todos os cursos.

- **Desenvolvimento permanente do quadro de docentes**

A FACE deverá buscar, em conjunto com os seus departamentos, formas de proporcionar o desenvolvimento pessoal e profissional de seu quadro de professores, aumentando a motivação e melhor compensando os esforços pessoais.

A realização de cursos internos, mediante cooperação com outras unidades acadêmicas da UnB, ou a celebração de convênios com outras instituições públicas e privadas, nacionais ou internacionais, deverá ensejar oportunidades para a atualização sistemática dos professores, tanto por meio de cursos de especialização como também por meio de permanente intercâmbio de idéias e de conhecimentos com outras instituições.

Em especial, o intercâmbio de professores com outras instituições nacionais e estrangeiras poderá trazer uma grande contribuição para revitalizar e dinamizar o corpo docente, com reflexos no nível de aprendizagem do corpo discente.

O apoio para a obtenção de bolsas de estudo para pesquisas e outras atividades de produção intelectual, a realização de um programa sistemático de atividades de extensão – congressos, seminários, painéis, visitas, etc – ou a criação de prêmios de incentivo à produtividade intelectual são alguns pontos relevantes.

Em resumo, a manutenção da FACE como sistema aberto realizando permanente intercâmbio com outras instituições externas (governo, Organizações Não-Governamentais (ONGs), instituições educacionais e de pesquisa, organizações de classe, etc.) é a perspectiva desejável para a FACE em qualquer cenário considerado. O estabelecimento de políticas qualitativas voltadas para o crescimento contínuo do desempenho da FACE nas suas diversas atividades é, sem dúvida, uma preocupação básica do planejamento estratégico.

• Desenvolvimento permanente do corpo técnico-administrativo da FACE

A FACE deverá buscar meios para aumentar o efetivo do seu quadro de técnicos, visando melhor organizar suas necessidades de apoio e, ao mesmo tempo, criar políticas para proporcionar àqueles que atuam em seus departamentos, oportunidades de desenvolvimento pessoal e profissional. Deve ser priorizada a aquisição de habilidades, atitudes e conhecimentos que ajudem a melhorar o desempenho individual e coletivo, segundo perfis que atendam às necessidades das diversas ações e programas a serem desenvolvidos pela FACE.

A realização de uma pesquisa prévia sobre essas necessidades, seguida de cursos específicos – internos ou externos – e o desenvolvimento de ações voltadas para a valorização dos profissionais, deve ser objeto de um programa sistemático.

Dessa forma, visualiza-se para quaisquer cenários uma melhoria nos quadros de técnico-administrativos, seja em termos de aumento quantitativo ou seja, em termos de qualificação e motivação individual.

• Cenários para a pós-graduação da FACE – Projeções para 2006

À semelhança do que foi feito para os cursos de graduação, são consideradas três projeções para 2006 para os cursos de pós-graduação, mestrado e doutorado, ofertados pelos departamentos da FACE, discutindo-se os seguintes aspectos:

1) Cursos de pós-graduação oferecidos pela FACE.

2) Número de vagas oferecidas para os cursos de pós-graduação.

3) Projeções do total de alunos regulares registrados na pós-graduação/FACE.
4) Projeções sobre o número de alunos formados pela FACE na pós-graduação.

Quadro 12 – Cursos de pós-graduação da FACE (cenários para 2006)

Nível	Cursos da FACE	Projeções para 2006		
		A – Cenário pessimista	B – Cenário projetado	C – Cenário otimista
Doutorado	Ciência da Informação	x	x	x
	Economia	x	x	x
	Administração*	–	x	x
Mestrado	Ciência da Informação	x	x	x
	Economia	x	x	x
	Administração	x	x	x
Especialização	Administração MBA I e II*	–	x	x

* Novos cursos – criação prevista nos cenários B e C.

Número de vagas oferecidas para os cursos de pós-graduação/FACE – 2006

Para melhor atender à demanda dos mercados local e regional, propõe-se aumentar a oferta de cursos de mestrado, doutorado e MBA em 9,5% para o cenário pessimista – A, 64,9% para o cenário projetado – B e 89,2% para o cenário otimista – C, tomando por referência as vagas oferecidas em 2000.

Tabela 54 – Cenários para a pós-graduação: número de ingressos, FACE e ECO (projeções para 2006)

Nível	Cursos da FACE	Em 2000	Projeções para 2006		
			A – Cenário pessimista	B – Cenário projetado	C – Cenário otimista
Especialização	MBA cursos I e II*	–	–	60	80
Mestrado	Administração	28	32	36	40
	Ciência da Informação	13	16	18	20
	Ciências Contábeis	15	16	18	20
Doutorado	Ciência da Informação	5	6	8	10
	Administração*	–	–	8	10

Continua na próxima página →

Nível	Cursos da FACE	Em 2000	2006		
			A – Cenário pessimista	B – Cenário projetado	C – Cenário otimista
Total FACE		61	70	148	170
Crescimento relativo à FACE (%)		–	14,6%	143%	197%
Mestrado	Economia	34	36	38	40
	Economia Profissionalizante	39	40	40	40
Doutorado	Economia	14	16	18	20
Total ECO		87	92	96	100
Crescimento relativo a 2000 ECO (%)		–	5,7%	10,3%	15%
Total FACE + ECO		148	162	244	280
% do crescimento relativo a 2000		–	9,5%	64,9%	89,2%

- **Projeções do total de alunos regulares matriculados na pós-graduação/FACE – 2006**

A criação de novos cursos e o aumento de vagas nos cursos de pós-graduação implicarão em aumento do fluxo de novos ingressos a cada semestre e acarretarão, necessariamente, um aumento cumulativo no número total de alunos regulares na pós-graduação da FACE. Isso se reflete nos quatro semestres seguintes, considerando-se estável o número de ingressos por período e a duração média de quatro semestres para a conclusão desses cursos. A especialização, a criação de novos cursos e o aumento de vagas reflete-se apenas em dois semestres consecutivos, considerando-se a duração normal de um ano para tais cursos e a entrada de novas turmas, com o mesmo efetivo projetado, ao início de cada novo semestre.

Portanto, há um acréscimo progressivo de alunos regulares a cada semestre. Na Tabela 55, procura-se determinar o efetivo total de alunos regulares dos cursos de pós-graduação da FACE para cada um dos três cenários, somando-se ao efetivo total da FACE em 2000 os acréscimos cumulativos de alunos conforme cada um dos cenários. Essa análise é importante para orientar a fixação das metas do planejamento estratégico da FACE, com adequação dos recursos (infra-estrutura, espaço físico, número de professores, etc), compatível com o progressivo aumento do efetivo de alunos.

Tabela 55 – Cenários para a pós-graduação: número de alunos regulares, FACE, ECO e UnB (projeções para 2006)

Nível	Cursos	Em 2000	A – Cenário pessimista			B – Cenário projetado			C – Cenário otimista		
			Acréscimo /sem. **	Acréscimo em 4 sem.**	Total aluno	Acréscimo /sem. **	Acréscimo em 4 sem.**	Total aluno	Acréscimo /sem. **	Acréscimo em 4 sem.**	Total aluno
Especialização	MBA* cursos I e II	–	–	–	–	–	–	60	–	–	80
Mestrado	Administração	108	4	16	124	8	32	142	12	48	156
	Ciência da Informação	65	3	12	77	5	20	85	7	28	93
	Contabilidade	15	3	12	27	5	20	35	7	28	43
	Economia	128	2	8	136	4	16	144	6	24	152
	Total FACE	316			364			406			444
Doutorado	Administração*	-	-	-	-	8	32	32	10	40	40
	Ciência da Informação	17	1	4	21	3	12	29	5	20	37
	Economia	37	2	8	45	4	16	53	6	24	61
	Total ECO	54	3	12	66	15	60	114	21	84	138
Total FACE + ECO		**370**			**430**			**580**			**682**

*Cursos a serem criados
**Acréscimo/sem.: acréscimo por semestre
**Acréscimo em 4 sem.: acréscimo em 4 semestres

Na Tabela 55, a estimativa do número total de alunos regulares após quatro semestres teve como base de cálculo o efetivo de alunos regulares registrados no ano 2000, considerando o semestre que registrou maior efetivo em cada curso, acrescentando-se, para cada cenário, o número de alunos adicionais. Foram adicionadas também as vagas dos novos cursos propostos para cada cenário, em Economia, em Administração e os dois cursos de Especialização. O total de alunos regulares registrados mostra que os cenários, Pessimista – A, Projetado – B e Otimista – C, são bastante arrojados em termos de expansão das atividades de pós-graduação na FACE.

Para o cenário pessimista, a projeção mostra um aumento total de 16,2% no número de alunos regulares nos cursos de pós-graduação; no cenário projetado, esse aumento médio é de 56,7% e no cenário mais otimista o aumento é de 78,9%.

Nessas projeções, considera-se o fato de a FACE ter grande espaço para a expansão na área de cursos de pós-graduação, mais que na área de graduação, como foi discutido. Em resumo, as principais razões são as seguintes:

1) Há grande demanda de cursos de pós-graduação em Ciências Sociais na região Centro-Oeste, particularmente em Brasília, o que se pode verificar pelo número de pessoas que realizam os testes da Anpad escolhendo os cursos da FACE.
2) As IES privadas do Distrito Federal estão praticamente centradas em cursos de graduação e não respondem, pelo menos por enquanto, à demanda social pelos cursos de pós-graduação, talvez por falta de estrutura ou de interesse.
3) Expandindo suas atividades nessa área, a FACE estará aproveitando a oportunidade de firmar uma competência distintiva e projetar-se em poucos anos como centro de referência regional e nacional em educação superior mais especializada. A deman-da pelos cursos de pós-graduação em nível de mestrado e de doutorado em determinadas áreas de conhecimento, tem como única opção os cursos na UnB.

Do exposto, conclui-se que é conveniente para a FACE priorizar nos próximos anos, até 2006, crescimento mais acelerado das vagas nos cursos de pós-graduação que nos cursos de graduação. Além do lançamento do curso de doutorado em Administração, estima-se portanto em cada cenário um incremento de vagas nos cursos atuais.

Para viabilizar os cursos de especialização profissionalizantes – MBA, uma estratégia poderia ser a revitalização do funcionamento de uma fundação de apoio para implementá-los como cursos pagos, de modo a criar fontes de recursos para a FACE. Como alternativa, os cursos poderiam valer-se também do estabelecimento de parcerias com outras unidades de apoio da UnB, tais como, a Secretaria de Empreendimentos. Os cursos seriam montados com base em pesquisas prévias sobre as demandas do mercado e, então, oferecidos à comunidade por meio de turmas abertas ou turmas fechadas, no caso de contratação com instituições públicas.

- **Projeções sobre o número de alunos formados pela FACE na pós-graduação – 2006**

A estimativa do número de alunos que a FACE poderá formar, em 2006, nos cursos de pós-graduação é um ponto bastante difícil, pois isso depende da estimativa do número de dissertações e teses que deverão estar em fase de conclusão e homologação. Entretanto, a dinamização das atividades de pós-graduação deverá levar, normalmente, a um aumento proporcional do número de alunos formados, o que, com base no percentual de aumento de novos ingressos na pós-graduação, pode-se estimar em 10%, 60% ou 90% conforme os cenários A, B e C, respectivamente.

- **Cenários para a produção intelectual da FACE – 2006**

Estima-se que a expansão, a melhoria e a inovação introduzida nas atividades da FACE, nos três cenários considerados, possibilitem uma dinamização geral das atividades e, por conseguinte, aumento na produção intelectual total gerada tanto nos cursos de graduação como nos cursos de pós-graduação e especialização, conforme a Tabela 56.

Tabela 56 – Cenários para pesquisa: produção intelectual, FACE (projeções para 2006)

Tipo de produção	Em 2000	Projeções para 2006		
		A – Cenário pessimista	B – Cenário projetado	C – Cenário otimista
Produção bibliográfica	197	220	320	400
Produção técnica	149	180	290	300
Produção artística	1	–	–	–
Total FACE	347	400	610	700
Aumento percentual rel. 2000		15%	60%	100%

• **Cenários para laboratórios da FACE – projeção para 2006**

Em qualquer dos cenários, propõe-se a criação de um novo laboratório no Departamento de Administração, com computadores de última geração e conexão rápida com a Internet, o qual seria destinado especificamente aos jogos organizacionais.

Tabela 57 – Cenários para a FACE: relação dos laboratórios por cursos (projeções para 2006)

Departamento	Conceituação	2000	2006
Administração	• Laboratório de sistemas de informação e ensino de administração – LISA-ADM	1	1
	• Laboratório de informática e técnicas de administração do PPGA – LITA-PPGA	1	1
	• Laboratório de jogos organizacionais		1
Ciência da Informação e Documentação	• Laboratório de informática documentária	1	1
Ciências Contábeis e Atuariais	• Laboratório modelo de contabilidade	1	1
Total FACE		**4**	**5**

O laboratório de jogos organizacionais constitui um instrumento valioso para simulações e exercícios que possibilitariam melhoria na qualidade do ensino, principalmente nos dois últimos anos da graduação e nos cursos de pós-graduação. Além disso, possibilitarão melhores condições para a participação de equipes de alunos em concursos nacionais ou internacionais de jogos organizacionais, melhorando o intercâmbio de conhecimentos com o meio externo.

• **Cenários para atividades de extensão da FACE – projeção para 2006**

As atividades de extensão são importantes instrumentos de inovação e revitalização das atividades acadêmicas da FACE, pois criam oportunidades para promover o debate e o intercâmbio de idéias com grande benefício para os processos de ensino-aprendizagem e para a geração de novos conhecimentos na pesquisa acadêmica. A realização de congressos, seminários, palestras, ciclos de debates, visitas técnicas, exposições e outras formas de atividades de extensão também deverão crescer na mesma proporção em que houver a dinamização geral das atividades. Isso deverá ocorrer de forma progressiva, à medida em que se der a expansão quantitativa e os ganhos qualitativos nos diversos cursos da FACE. Para fins de complementação dos cenários, pode-se considerar nesse particular as projeções estimativas, com base no histórico de eventos realizados em anos anteriores (Tabela 58).

Tabela 58 – Cenários para a extensão: número de eventos de extensão, FACE e UnB (projeções para 2006)

Nº de eventos de extensão	1996	1997	1998	1999	2000	Projeções para 2006		
						A – Cenário pessimista	B – Cenário projetado	C – Cenário otimista
Total FACE	13	7	5	5	8	12	15	20
Total UnB	335	415	407	512	566	–	–	–

Fonte: Anuário Estatístico da UnB, 2000.

A inclusão de um programa de atividades de extensão no planejamento estratégico da FACE, com objetivos bem definidos, pode ser um poderoso instrumento de inovação e revitalização das atividades acadêmicas da FACE. A busca de parcerias com outras unidades acadêmicas da própria UnB e com as instituições externas, públicas e privadas, possibilitaria um intercâmbio mais dinâmico com o meio ambiente e com outras áreas disciplinares, trazendo mais motivação para alunos e professores e melhoria dos processos de ensino-aprendizagem.

- **Cenários para recursos humanos da FACE – projeção para 2006**

A criação de novos cursos, a expansão do número de vagas, a melhoria qualitativa dos cursos e, enfim, a dinamização geral das atividades acadêmicas da FACE e dos seus departamentos, conforme proposto para os três cenários, depende substancialmente do fator humano, especialmente da ampliação e da melhoria do corpo docente como principal ativo da FACE para a consolidação dos seus objetivos.

Esse é um ponto bastante delicado para as universidades públicas brasileiras, pois as políticas governamentais na área de educação, nesses últimos anos, principalmente a partir de 1994, não têm favorecido a renovação e a ampliação do quadro de professores, tendo em vista a falta de abertura de vagas suficientes nos concursos públicos. Esse problema é de difícil solução pois requer medidas que extrapolam o âmbito decisório da FACE e da universidade. Pretende-se manter a direção acadêmica da UnB bem informada a respeito das necessidades correntes da FACE e sobre os programas de expansão, qualitativa e quantitativa, dos departamentos, a fim de que possa fazer gestões junto às esferas superiores no sentido de que sejam abertos novos concursos para o provimento de professores.

Os cenários projetados requerem naturalmente aumento do número de docentes ativos, variável em cada caso, bem como melhorias nos percentuais de titulação para suportar os requisitos de avaliação da qualidade dos cursos, conforme os padrões adotados pelo MEC. Dessa forma, estima-se para os três cenários alguns parâmetros aproximados sobre o quadro docente, sujeitos a revisões periódicas. O corpo de docentes ativos, por classe, por titulação e também por regime de trabalho, necessário para atender aos cenários levantados é apresentado nos dois itens seguintes apenas como estimativa preliminar, sujeita a revisões quando do estabelecimento das metas no planejamento estratégico da FACE.

- Corpo Docente – projeção para 2006

O parâmetro usado para a avaliação do quadro docente das IES é o Índice de Qualificação do Corpo Docente (IQD).

Para os cursos de pós-graduação da FACE, pode-se calcular esse índice, compará-lo com o período de 1996-2000 e, em seguida, fazer uma projeção sobre os valores que se poderiam fixar como metas para os três cenários, a serem atingidas até 2006, conforme a Tabela 59.

Tabela 59 – Cenários para o IQCD dos docentes de pós-graduação, FACE e UnB (projeções para 2006)

IQCD	Histórico					Projeções para 2006		
	1996	1997	1998	1999	2000	A – Cenário pessimista	B – Cenário projetado	C – Cenário otimista
IQCD FACE					4,5	5,5	7,0	8,0
IQCD UnB	3,7	3,8	3,9	4,0	4,1	6,0	7,5	9,0

Fonte: Anuário Estatístico da UnB, 2000.

- **Corpo Técnico - administrativo da FACE – projeção para 2006**

Nos cenários desenhados para 2006, a FACE e seus departamentos necessitarão de maior número de técnicos para suporte à expansão das atividades e, também, de programa de ação direcionado para a motivação e desenvolvimento desses técnicos. Na Tabela 60, estimam-se para os três cenários alguns valores aproximados sobre o quadro de pessoal administrativo da FACE e de seus departamentos.

Tabela 60 – Cenários para o número de técnicos, FACE (projeções para 2006)

Classe	UnB em 2000	FACE em 2000		Projeções para 2006					
				A – Cenário pessimista		B – Cenário projetado		C – Cenário otimista	
		Nº	%	Nº	%	Nº	%	Nº	%
Técnicos concursados	2.034	36	1,8	45	25	54	50	113	213,9

Fonte: Anuário Estatístico da UnB, 2000.

- **Escolha do cenário de referência – cenário planejado para 2006**

Este item concentra-se na escolha do cenário mais adequado para ser usado como base do planejamento estratégico da FACE. Entre os três cenários A, B e C (cenário pessimista, projetado e otimista), o cenário B ou cenário projetado é o que deve ser referência ou visão básica da FACE no ano de 2006, sendo, portanto, a referência indicada para a elaboração do plano estratégico da FACE. Essa escolha deve-se aos seguintes motivos:

1) O cenário projetado propõe um razoável conjunto de mudanças que introduz várias melhorias, a partir da situação da FACE em 2000. Optando-se pelo cenário B, adota-se uma perspectiva empreendedora capaz de inspirar o conjunto de ações que deverá moldar o futuro desejado para a FACE em 2006, ou seja, mobilizar as pessoas em torno de objetivos concretos.
2) O cenário projetado evita a postura conservadora e pessimista do cenário A (de baixos riscos) e também a postura ambiciosa e otimista, (bastante arriscada) do cenário C. É, portanto, um cenário mais realista que leva em conta as dificuldades e as ameaças que poderão afetar as mudanças planejadas, mas, ao mesmo tempo, permite aproveitar as oportunidades de fazer a

FACE expandir suas atividades e introduzir melhorias na qualidade do ensino, pesquisa e extensão.

Portanto, o cenário B, ou cenário projetado, constitui a visão básica proposta para o planejamento estratégico da FACE, devendo ser detalhado num conjunto de definições mais concretas – missão, políticas e diretrizes, estratégias, objetivos e metas, até a formulação dos projetos que permitirão operacionalizar e articular as ações a serem desenvolvidas para realizar a visão. Os principais pontos são destacados, conforme os seguintes aspectos:

1) Estrutura organizacional da FACE – mudanças até 2006.
2) Cenário projetado para o ensino de graduação da FACE em 2006.
3) Cenário projetado para o ensino de pós-graduação da FACE em 2006.
4) Avaliações externas e revisão dos currículos e dos programas dos cursos da FACE.
5) Revitalização da Fepad como fundação de apoio vinculada à FACE.
6) Construção de novo edifício para concentrar as atividades da FACE.
7) Ampliação e melhoria dos laboratórios de apoio às atividades da FACE.
8) Dinamização das atividades de extensão da FACE.
9) Aumento do quadro docente da FACE e seus departamentos.
10) Aumento do quadro técnico-administrativo.
11) Aumento da produtividade intelectual e técnica.
12) Criação de um projeto especial de pesquisa.

- **Estrutura organizacional da FACE – mudanças até 2006**

Em 2006, a estrutura da FACE deverá ter os atuais departamentos (ADM, CCA e CID), além do Departamento de Economia (ECO). A reorganização acadêmica entre a FACE e o IH, sob coordenação da Reitoria da UnB, deverá refletir o consenso das partes interessadas. O processo deverá ser conduzido de modo que haja rápida e eficiente adaptação do pessoal transferido para a FACE à nova situação, com plena adesão à visão de futuro da FACE.

- **Cenário projetado para o ensino de graduação da FACE em 2006**

Na área do ensino de graduação, a FACE deverá ter em funcionamento sete cursos. Serão mantidos os atuais seis cursos de graduação, ou seja, três cursos diurnos (Administração – 40 vagas,

Biblioteconomia – 40 vagas e Ciências Contábeis – 40 vagas) e três cursos noturnos (Administração – 42 vagas, Arquivologia – 40 vagas e Ciências Contábeis – 42 vagas), em condições semelhantes à situação do ano 2000. A FACE passaria a oferecer também o curso de graduação em Economia – diurno, com 40 vagas, transferido do IH para a FACE.

Considerando-se a oferta desses sete cursos, os indicadores da área de graduação projetados para a FACE, em valores estimativos, são os da Tabela 61.

Tabela 61 – Projeção para 2006 dos indicadores da graduação, FACE

Indicador	Valor em 2006	Observações
Número de candidatos inscritos no Vestibular e no PAS	9.528	* Crescimento de 30%
Número de vagas totais nos cursos de graduação: (Vestibular: 568 vagas; PAS: 80 vagas)	648	* Crescimento de 18,7%
Relação média de candidatos por vagas (Vestibular e PAS, media em 2000=13,7)	16,8	* Crescimento de 23%
Número de alunos regulares registrados no ano 2006	4,980	* Crescimento de 18,7%
Número de alunos formados no ano 2006 (em 2000=296)	376	* Crescimento de 27%
Qualidade: conceituação no "Provão do MEC"	"A"	Para todos os cursos
Qualidade: condições de oferta dos cursos	CMB	Para todos os cursos

* = Em relação ao ano de 2000.

- **Cenário projetado para o ensino de pós-graduação da FACE em 2006**

A FACE deverá dar maior ênfase aos cursos na área de pós-graduação e implantará, até 2006, o curso de doutorado em Administração com pelo menos oito vagas e também dois cursos de mestrado profissionalizante – MBA, com 30 vagas em cada um deles. Os cursos de MBA, designados provisoriamente como Curso I e Curso II, serão definidos e formatados com base em pesquisa de mercado a ser realizada oportunamente, visando determinar as demandas do Distrito Federal e sua região de influência.

Como resultado, a FACE deverá ter uma oferta total de dez cursos de pós-graduação, até 2006, compreendendo:

1) Quatro cursos de mestrado (Administração –36 vagas, Ciência da Informação – 18 vagas, Ciências Contábeis – 18 vagas e Economia – 28 vagas).
2) Três cursos de doutorado: (Administração – 8 vagas, Ciência da Informação – 8 vagas e Economia – 18 vagas).
3) Três cursos de mestrado profissionalizante tipo MBA (Economia – 30 vagas, Cursos I e II – 30 vagas cada).

O conjunto das atividades da FACE na área de pós-graduação deverá resultar nos indicadores estimativos resumidos na Tabela 62.

Tabela 62 – Projeção para 2006 dos indicadores da pós-graduação, FACE

Indicador	Valor em 2006	Observações
Número de candidatos inscritos na pós-graduação	435	* Crescimento de 50%
Número de novos ingressos nos cursos de pós-graduação	416	* Crescimento de 30%
Número de alunos regulares registrados na pós-graduação	620	* Crescimento de 18,7%
Qualidade: conceituação no sistema de avaliação do MEC	"A"	Para todos os cursos
Qualidade: condições de oferta dos cursos	CMB	Para todos os cursos

* = Em relação ao indicadores de 2000.

• Avaliações externas e revisão dos currículos e dos programas dos cursos da FACE

A qualidade do ensino de graduação nos diversos cursos da FACE deverá ser garantida pelos seus departamentos, usando-se todos os meios possíveis, de forma que seja alcançado o conceito otimista correspondente ao grau de excelência nas avaliações externas. Os cursos ainda não submetidos à avaliação externa devem ser organizados sob condições equivalentes às dos cursos avaliados. Uma das medidas será a revisão completa dos currículos e dos programas de disciplinas, que deverá ser realizada, em princípio, a cada três anos. A FACE deverá programar, apoiar e coordenar as revisões e também uniformizar a metodologia para essas revisões, promovendo ampla discussão entre os professores e os chefes dos departamentos.

- **Fundação de apoio vinculada à FACE**

Até 2006 a FACE deverá conseguir, em conjunto com os departamentos e com o apoio da Reitoria da UnB, a criação de uma fundação de apoio, ou a revitalização da Fepad, de modo a capacitá-la para desenvolver efetivamente, de acordo com a sua missão institucional, um conjunto de atividades educacionais e de consultoria organizacional, comercializar os seus produtos e serviços no mercado para gerar recursos financeiros e aplicá-los no desenvolvimento de atividades acadêmicas, vinculadas aos resultados de suas atividades. A FACE deverá estabelecer convênio com a finalidade de captar, organizar e orientar projetos que possam ser conduzidos por meio da fundação.

A Fepad deverá estabelecer um quadro próprio de especialistas e técnicos, em parte contratados em regime de dedicação exclusiva e em parte mediante o estabelecimento de parcerias por projetos, aproveitando talentos previamente selecionados e cadastrados por áreas de conhecimento.

Até uma possível mudança no nome da Fepad poderia ser discutida, visando criar uma marca mais representativa do seu escopo de atuação, não adstrita apenas à área de administração, e torná-la bastante forte no mercado.

A estratégia de consorciar a FACE com a Fepad, ou fundação similar, será importante porque poderá tornar-se um forte instrumento de atuação não apenas em face da possibilidade de gerar recursos financeiros para a sustentação das atividades acadêmicas, mas também pela perspectiva de outros benefícios, dentre os quais: desenvolvimento da integração organização-universidade; motivação dos professores; dos alunos e dos técnicos; promoção da aprendizagem organizacional continuada; e renovação sistemática da cultura interna e da criatividade.

Uma das metas prioritárias para a FACE, em conjunto com a Fepad, é a organização e a oferta dos cursos de pós-graduação (nível especialização/ MBA) e outros cursos de curta duração (educação continuada), orientados para as necessidades das organizações e das pessoas da comunidade em geral.

- **Construção de novo edifício para concentrar as atividades da FACE**

A expansão das atividades da FACE, pelo cenário escolhido, deverá acarretar a necessidade de um aumento do espaço físico, ocupado pela FACE em 2000, visando abrigar seus departamentos e também criar condições para uma melhor integração entre todas as atividades. Para isso, a FACE deverá retomar a idéia da construção de um novo edifício, realizando gestões junto à direção acadêmica (UnB) no sentido de viabilizar essa meta até 2005, ainda que parcialmente.

O desenvolvimento do projeto arquitetônico, a obtenção de área para a construção e a viabilização dos investimentos junto às instâncias superiores constituem um trabalho de base que precisa ser conduzido sistematicamente. O novo prédio da FACE deverá ser desenhado para abrigar o espaço contíguo à administração da FACE e dos seus departamentos, compreendendo salas para diretores, secretarias, salas de reunião e de serviços de apoio e, também, espaços destinados à instalação dos laboratórios de cada departamento e instalações de uso comum tais como: auditório; centro de editoração; cantina. O projeto do edifício deverá prever ainda espaços reservados para uso dos professores, posto que estes estariam em sua maioria atuando em regime de dedicação exclusiva. Uma ala desse edifício deverá ser planejada para instalar uma fundação de apoio, de modo a dotá-la de condições mais adequadas à expansão das suas atividades. Algumas salas de aula também poderiam ser previstas nesse edifício, mas tendo em vista o grande número de alunos regulares previstos para a FACE, em 2006, deve-se manter a maioria delas funcionando nas mesmas instalações costumeiramente usadas, apenas com algumas melhorias dessas instalações e dos equipamentos de ensino.

- **Ampliação e melhoria dos laboratórios de apoio às atividades da FACE – 2006**

A FACE deverá equipar e modernizar, até 2006, os laboratórios de informática (*hardware* e *software*) dos departamentos.

- **Dinamização das atividades de extensão da FACE – 2006**

A programação anual de atividades de extensão da FACE deverá ser ampliada progressivamente nos próximos anos, de modo a alcançar, em 2006, a realização de 18 encontros anuais, promovidos pelos departamentos, (congressos, seminários, palestras, ciclos de debates, visitas técnicas, exposições e outras formas de atividades de extensão). Essas atividades seriam conduzidas por meios próprios e, também, por meio de parcerias com outras unidades acadêmicas da UnB, devendo contar, sempre que possível, com a participação de instituições externas.

• **Aumento do número de docentes da FACE e seus departamentos – 2006**

A manutenção de competências em recursos humanos é fundamental para a sustentação das atividades acadêmicas, tanto no ensino como na pesquisa da FACE e de seus departamentos. Constitui também a chave para um bom desempenho da fundação de apoio. A FACE deverá desenvolver sistematicamente um conjunto de ações, visando ampliar e melhorar progressivamente a situação do quadro de docentes até 2006, como suporte para as atividades de ensino, pesquisa e extensão, entre as quais são ressaltadas as seguintes:

1) Manter a Reitoria da UnB sempre informada sobre suas reais necessidades, até mesmo quanto a realização de programas e projetos que aumentem significativamente a necessidade de professores.
2) Fazer permanentemente gestões junto à Reitoria da UnB, no sentido de que seja aprovada a realização de concursos públicos, visando o provimento de cargos e funções de docência na UnB.
3) Zelar para que a FACE seja contemplada com novos professores, de acordo com suas necessidades e ampliar o quadro de docentes dos seus departamentos.
4) Estabelecer políticas e práticas para motivar e reconhecer o trabalho dos docentes, procurando ainda recompensar a produtividade acadêmica.
5) Aumentar o número dos docentes que atuam em regime de dedicação exclusiva, em pelo menos 30% até 2006, mediante incentivos para os docentes.
6) Facilitar e apoiar a realização de cursos de aprimoramento profissional pelos professores, priorizando em especial a obtenção da titulação de doutorado, de modo a aumentar progressivamente o número de doutores do corpo docente da FACE, até que seja atingido, em todos os departamentos, o percentual de 90% de doutores e 30% de mestres.
7) Promover atividades de intercâmbio de professores, mediante convênio com outras instituições de ensino no Brasil e no exterior, visando proporcionar para os professores oportunidades de enriquecimento da experiência profissional.

8) Contínua melhoria no Índice de Qualificação de Docentes Ativos (IQDA), que deverá atingir, até 2006, o índice de 4,0 para todos os departamentos da FACE.

- **Aumento do quadro técnico-administrativo – 2006**

A FACE deverá procurar, mediante gestões junto à direção acadêmica da UnB, aumentar o efetivo de técnicos, até 2006, e também estabelecer políticas e programas de desenvolvimento e aprimoramento desses técnicos, visando manter um adequado suporte para a expansão e a melhoria geral das suas atividades.

- **Aumento da produtividade intelectual e técnica – 2006**

A FACE deverá desenvolver políticas internas voltadas para o aumento da produção intelectual, gerada pelas atividades acadêmicas em todos os departamentos, visando alcançar a meta estimada de 700 trabalhos anuais em 2005. Isso representaria um aumento de 100% em relação à produção intelectual registrada no ano de 2000.

- **Criação de um projeto especial de pesquisa – 2006**

O incentivo às atividades de pesquisa – com o aumento da produção intelectual e técnica – poderá ser reforçado pela criação de um núcleo de estudos e de pesquisas direcionados para a Administração Pública, projeto já iniciado pela atual administração da FACE. Aproveitando a proximidade com os diversos órgãos públicos existentes em Brasília, tal núcleo criaria também novas oportunidades para a atuação da fundação de apoio e promoveria a integração universidade-governo.

O conjunto das ações sugeridas no item anterior caracteriza o cenário desejado para a FACE em 2006, ou seja, o cenário recomendado para fins de formulação do planejamento estratégico da FACE. Esse cenário, em resumo, constitui uma visão do que se poderia alcançar pela atuação empreendedora da FACE, conjugando esforços dos chefes de departamento, docentes e técnicos, com a participação ativa, dos alunos dos diversos cursos.

O prosseguimento natural desse estudo de cenários é o desenvolvimento do planejamento estratégico da FACE, ocasião em que se poderá ratificar e/ou retificar e detalhar o cenário aqui proposto, transformando-o em cenário planejado ou visão da FACE, o que permitirá definir os objetivos e metas e organizar os projetos que deverão possibilitar à FACE alcançar, até 2006, a situação descrita nesse cenário.

Finalmente, convém destacar que a visão sobre o futuro da FACE será útil na medida em que for comunicada e compartilhada com todos os integrantes da FACE, administradores, professores, técnicos e alunos, de modo que haja completo engajamento na consecução das metas, a despeito de muitos obstáculos que inevitavelmente aparecerão.

6.2 Cenário planejado

- **Escolha estratégica**

Entre os três cenários desenvolvidos – A, B e C – respectivamente, cenário pessimista, cenário projetado e cenário otimista, o que emerge como mais adequado para suporte ao planejamento estratégico da FACE é o cenário B, ou cenário projetado como indica o seu nome. Assumido esse como cenário de referência para efeito do planejamento estratégico da FACE, convém então rebatizá-lo com o nome de cenário planejado para 2006.

Os tópicos seguintes consolidam o desenho geral desse cenário planejado, que materializa o resultado final deste estudo.

• Projeção do quantitativo de vagas e de alunos nos cursos da FACE para 2006

Quadro 13 – Número de cursos da graduação e da pós-graduação, FACE, (projeção para 2006)

Nível	Titulação	Situação em 2002	B – Cenário projetado - 2006
Graduação	–	Administração Administração (Noturno) Arquivologia (Noturno) Biblioteconomia Ciências Contábeis Ciências Contábeis (Noturno)	Administração Administração (Noturno) Arquivologia (Noturno) Biblioteconomia Ciências Contábeis Ciências Contábeis (Noturno) Economia (1)
	Total	**6 cursos**	**7 cursos**
Pós-graduação	Mestrado	Administração Ciência da Informação Ciências Contábeis	Administração Ciência da Informação Ciências Contábeis Economia (1)
	Doutorado	Ciência da Informação	Ciência da Informação Administração (2) Economia (1)
	Total	**4 cursos**	**7 cursos**
Especialização	MBA	– – –	 MBA em Economia (2) MBA em Administração (2)
	Total	**–**	**2**
Total Geral FACE		**10**	**16**

(1) Cursos existentes no Instituto de Ciências Humanas – ECO/IH em 2000, agregados à FACE.
(2) Cursos novos a serem criados na FACE.

A Tabela 63 dispõe o número de vagas estipulado e de alunos regulares, para o cenário planejado, nos cursos de graduação e pós-graduação, e consolida o total de novos alunos nos cursos da FACE por semestre e anualmente.

Tabela 63 – Número de vagas nos cursos, FACE, (projeção para 2006)

Nível	Titulação	Nome do curso	Turno	Número de vagas					
				Em 2000			B – Cenário projetado – 2006		
				1º sem.	2º sem.	Total	1º sem.	2º sem.	Total
Graduação	Graduação	Administração	D	40	40	80	40	40	80
		Administração	N	42	42	84	42	42	84
		Arquivologia	N	40	40	80	40	40	80
		Biblioteconomia	D	40	40	80	40	40	80
		Ciências Contábeis	D	40	40	80	40	40	80
		Ciências Contábeis	N	42	42	84	42	42	84
		Ciências Econômicas	D	–	–	–	40	40	80
	Subtotal	Graduação		244	244	488	284	284	568
		Crescimento referente a 2000					16,3%		
Pós-graduação	Mestrado	Administração		26	3	29	24	24	48
		Ciência da Informação		10	50	60	32	32	64
		Ciências Contábeis		1	15	16	14	14	28
		Economia		34	15	49	28	28	56
		Subtotal		71	83	154	98	98	196
		Crescimento referente a 2000					27,3%		

Continua na próxima página →

Nível	Titulação	Nome do curso	Número de vagas					
			Em 2000			B – Cenário projetado – 2006		
			1º sem.	2º sem.	Total	1º sem.	2º sem.	Total
Pós-graduação	Doutorado	Administração	–	–	–	8	–	8
		Economia	–	–	–	6	–	6
		Subtotal	–	–	–	14	–	14
		Crescimento referente a 2000				Novo curso		
	Especialização MBA	Economia – MBA	–	–	–	28	28	56
		Administração I	–	–	–	20	20	40
		Administração II	–	–	–	20	20	40
		Subtotal	–	–	–	68	68	136
		Crescimento referente a 2000				Novo curso		
Subtotal		Pós-graduação	111	88	199	180	166	346
Total FACE		Graduação + Pós-graduação	355	332	687	464	450	914
		% Crescimento referente a 2000				33%		

A Tabela 64 consolida o efetivo total que deverá ser alcançado pela FACE em 2006 como resultado da agregação do curso de Economia e da criação dos cursos de especialização, considerando a acumulação dos efetivos das novas turmas a cada semestre até a conclusão dos cursos. Essa projeção poderá ajudar no planejamento do espaço físico, na disponibilidade de docentes e de outros aspectos da implementação do cenário planejado.

Tabela 64 – Número de alunos regulares na graduação, FACE, (projeções para 2006)

Nome do curso	Turno	Número de alunos regulares					
		Em 2000			B – Cenário projetado		
		1º Sem.	2º Sem.	Total	1º Sem.	2º Sem.	Total
Administração	D	435	444	879	800	800	1600
Administração	N	440	427	867	440	440	880
Arquivologia	N	300	303	603	300	300	600
Biblioteconomia	D	304	327	631	315	315	630
Contabilidade	D	318	315	633	665	665	1330
Contabilidade	N	361	363	724	360	360	720
Subtotal – por semestre		2.158	2.179	4.337	2.130	2.130	5.760
Total anual		4.337			5.760		
Taxa de crescimento referente a 2000					32,8%		

Tabela 65 – Número de alunos regulares na pós-graduação, FACE, (projeções para 2006)

Titulação	Nome do curso	Número de alunos regulares					
		Em 2000			B – Cenário projetado		
		1º Sem.	2º Sem.	Total	1º Sem.	2º Sem.	Total
Mestrado	Administração	125	106	231	175	175	350
	Ciência da Informação	47	40	87	66	66	132
	Ciências Contábeis	1	15	16	28	28	56
	Economia	192	160	352	269	269	538
	Total	365	321	686	538	538	1076
	Taxa de cresc. ref. 2000				56,9%		

Continua na próxima página →

Titulação	Nome do curso	Número de alunos regulares					
		Em 2000			B – Cenário projetado		
		1º Sem.	2º Sem.	Total	1º Sem.	2º Sem.	Total
Doutorado	Administração	–	–	–	16	16	32
	Ciência da Informação	16	16	32	32	32	64
	Economia	36	36	72	50	50	100
	Total	52	52	104	98	98	196
	Taxa de cresc. ref. 2000				88,5%		
MBA	Economia	–	–	–	56	–	56
	MBA I	–	–	–	40	–	40
	MBA II	–	–	–	40	–	40
	Total	–	–	–	136	–	136
	Subtotal				136		
Taxa de crescimento referente a 2000					Inovação		

Tabela 66 – Número total de alunos regulares na FACE, (projeções para 2006)

FACE	Total de alunos regulares na graduação	5.760
	Total de alunos regulares na pós-graduação	1408
	Total de alunos regulares	7168
	Taxa média de crescimento – ref. 2000 (4.443)	61,3%

- **Estimativa da produção intelectual da FACE – projeção para 2006**

Estima-se que o cenário projetado desejado deverá elevar a produção intelectual total dos departamentos da FACE, sumarizando os trabalhos dos cursos de graduação, pós-graduação e especialização.

Tabela 67 – Número de produção científica, FACE, (projeção para 2006)

Tipo de produção intelectual	Quant. FACE	Projeção para 2006
		B – Cenário projetado
Produção bibliográfica	198	400
Produção técnica	149	300
Total	347	700
Taxa de crescimento em ref. a 2000 (%)	base	200%

- **Desenvolvimento de laboratórios da FACE – projeção para 2006**

O cenário planejado prevê a criação de um novo laboratório no Departamento de Administração, o qual deveria ser equipado com computadores de última geração, conexão rápida com a Internet e *software* adequado, a ser utilizado preferencialmente para jogos organizacionais. A estrutura de laboratórios prevista para 2006 ficaria como discriminado na Tabela 68.

Tabela 68 – Número de laboratórios, FACE, (projeção para 2006)

Departamento	Conceituação	2000	2006
Administração	• Laboratório de sistemas de informação e ensino de administração – LISA-ADM	1	1
	• Laboratório de informática e técnicas de administração do PPGA – LITA-PPGA	1	1
	• Laboratório de jogos organizacionais (novo)		1
Ciência da Informação e Documentação	• Laboratório de informática documentária	1	1
Ciências Contábeis e Atuariais	• Laboratório modelo de contabilidade	1	1
Total de laboratórios da FACE		**4**	**5**

- **Cenário planejado para atividades de extensão da FACE – projeção para 2006**

A realização de congressos, seminários, palestras, ciclos de debates, visitas técnicas, exposições e outras formas de atividades de extensão no cenário planejado deve ser incrementada progressivamente, à medida em que ocorrer a expansão quantitativa e a busca de elevados padrões de qualidade dos diversos cursos da FACE. Para fins de complementação dos cenários, parece razoável considerar as projeções da Tabela 73.

Tabela 69 – Evolução do número de atividades de extensão da FACE – 1996-2000 (projeção para 2006)

Unidade acadêmica	Histórico de atividades de extensão					Número de atividades de extensão B – Cenário planejado
	1996	1997	1998	1999	2000	Meta para 2006
Total FACE	13	7	5	5	8	18
Total UnB	335	415	407	512	566	–

Fonte: Anuário Estatístico da UnB, 2000.

Algumas diretrizes gerais para a elaboração de programas de atividades de extensão devem constar do planejamento estratégico da FACE. A extensão deverá constituir poderoso instrumento de inovação e revitalização das atividades acadêmicas da FACE, servindo especialmente para a ampliação e o aprofundamento de debates sobre temas atualizados e de contato com as principais tendências e necessidades do mercado.

A busca de parcerias com outras unidades acadêmicas da UnB ou com outras instituições externas, públicas e privadas, possibilitaria fomentar intercâmbio mais dinâmico com o meio ambiente e as outras áreas disciplinares, trazendo maior motivação para alunos e professores e, como resultado, a melhoria dos processos de ensino-aprendizagem.

- **Recursos físicos – área construída**

Segundo o Anuário Estatístico da UnB 2000, a FACE dispõe de 5.969 m^2 de área construída, compreendendo as instalações dos seus três Departamentos: Departamento de Administração (ADM), Departamento de Ciências Contábeis e Atuariais (CCA), e Departamento de Ciência da Informação e Documentação (CID). Entretanto, essa área deverá ser ampliada para viabilizar a implementação progressiva do cenário visualizado para 2006.

Havendo a agregação do curso de Economia à FACE (atualmente no ECO/IH – Instituto de Ciências Humanas), deverá ocorrer a incorporação das áreas usadas nesse curso ao patrimônio da FACE. A criação de novos cursos de pós-graduação e de especialização (MBA) também deverá acarretar a necessidade de mais área. Um ajustamento terá de ser feito a partir do ingresso de novas turmas e do funcionamento paralelo de turmas em semestres distintos, o que, em princípio, poderá ocorrer pelo remanejamento e pelo uso racional dos espaços disponíveis.

Entretanto, verifica-se que os espaços usados pela FACE estão acarretando grande dispersão física dos departamentos que usam vários prédios distintos, relativamente distantes uns dos outros. Essa situação tem criado dificuldades para os alunos, levados a realizar vários deslocamentos para os locais das atividades acadêmicas, com perda de tempo e desconforto. Esse problema vem afetando também a integração entre os departamentos. Por conseguinte, há uma aspiração já bastante antiga no sentido de que seja construído um novo prédio para a FACE, de modo a abrigar todos os seus departamentos.

É bastante oportuno incluir no cenário planejado a busca de solução para a questão de espaço físico e dispersão de departamentos. Propõe-se, então, que seja desenvolvido projeto arquitetônico e tomadas as medidas administrativas no sentido de obter-se os recursos orçamentários para a construção do novo edifício.

- **Recursos humanos da FACE – projeções para 2006**

A implementação do cenário planejado, ou de qualquer expansão e melhoria geral do nível de atividades acadêmicas da FACE e de seus departamentos, requer acréscimo proporcional no número de docen-tes ativos, além de melhorias nos percentuais de titulação. Esse ponto é, sem dúvida um dos mais delicados pois as decisões sobre ampliação de quadros não estão na esfera da FACE nem da UnB. Entretanto, em face do longo tempo de congelamento dessa situação, por questões políticas, há razoáveis chances de que a curto prazo sejam abertos novos concursos para professores. Dessa forma, a FACE deve se preparar e fazer continuamente gestões junto à UnB no sentido de conseguir progressivamente ampliar seu corpo docente e ao mesmo tempo, elevar os atuais níveis de titulação.

A disponibilidade de projeções sobre as necessidades futuras poderá ajudar a apoiar essa política fundamental, bem como a formulação de diretrizes sobre esse aspecto no planejamento estratégico da FACE. As Tabelas 71, 72 e 73 apresentam projeções sobre o número de professores necessário para suportar as atividades globais da FACE em 2006, por classe, por titulação e por regime de trabalho.

Tabela 70 – Número de docentes ativos (por classe) e percentuais, FACE, (projeção para 2006)

Tipo	Classe	UnB 2000	Situação da FACE em 2000		Número de atividades de extensão B – Cenário planejado	
		%	Quant.	%	Quant.	%
Quadro	Titular	7,22	9	8,4	15	11
	Adjunto	57,4	34	31,8	55	40
	Assistente	31,20	27	19,6	45	32
	Auxiliar	4,54	3	2,8	0	0
	Subtotal		73	68,2	25	83
Substitutos	Visitantes e pesquisadores		34	31,8	25	17
Total da FACE			107	100	140	140

Tabela 71 – Número de docentes ativos e percentuais (por titulação), FACE, (projeção para 2006)

Titulação	UnB 2000	Situação da FACE em 2000		Projeções para 2006 B – Cenário planejado	
	%	Quant.	%	Quant.	%
Graduação	5,73	19	17,8	0	0
Especialização	3,13	3	2,8	25	17
Mestrado	30,75	42	39,3	45	32
Doutorado	60,39	43	40,2	70	51
Total	100	107	100	140	140

Tabela 72 – Número de docentes ativos e percentuais (por regime de trabalho), FACE, (projeção para 2006)

Regime de trabalho	UnB 2000	Situação da FACE em 2000		Projeções para 2006 B – Cenário planejado	
	%	Quant.	%	Quant.	%
20 horas	7,97	29	27,1	14	10
40 horas	2,08	21	19,6	49	35
DE	89,95	57	53,3	77	55
Total	100	107	100	140	100

• Evolução do Índice de Qualificação de Docentes Ativos – UnB – 1996-2000

Tabela 73 – Evolução do IQCD, FACE – 1996-2000 (projeção para 2006)

IQCD = [(D.5)+(M.3)+(E.2)+(G.1)] : (D+M+E+G)

Unidade acadêmica	Histórico					Projeções para 2006 B – Cenário planejado
	1996	1997	1998	1999	2000	
IQCD – FACE					4,5	7,0
IQCD – UnB	3,92	3,78	3,90	4,00	4,06	7,5

Em 2006, a FACE e seus departamentos necessitarão de um número maior de técnicos, tendo em vista a expansão das atividades (criação de novos cursos, instalação de mais um laboratório de informática, aumento no número de alunos regulares). Além disso, faz-se necessário desenvolver um programa de ação direcionado para a motivação e para o desenvolvimento pessoal e profissional dos técnicos. Estima-se para o cenário planejado (B) alguns valores aproximados sobre o quadro de técnicos da FACE em 2006.

Tabela 74 – Número de técnicos, FACE, (projeção para 2006)

Classe	UnB 2000	Situação da FACE em 2000		Projeções para 2006 B – Cenário planejado	
	%	Quant.	%	Quant.	Aumento %
Técnicos concursados	2.034	36	1,8	54	2,7 (50%)

6.3 (Re)desenho organizacional

Como resultado dos cenários planejados, faz-se necessário o esboço da nova faculdade que se configura a partir da agregação do curso de Economia à FACE. Essa ação implica não somente no âmbito da graduação como no da pós-graduação. Além disso, irá compor, também, os centros: Centro de Pesquisa em Economia da Regulação de Mercados (CERME); Centro de Investigação em Economia e Finanças (CIEF), além do Centro de Estudos Avançados de Governo (CEAG), incluindo o Centro de Pesquisa em Economia do Setor Público (CEDESP).

Figura 6 – Organograma da FACE

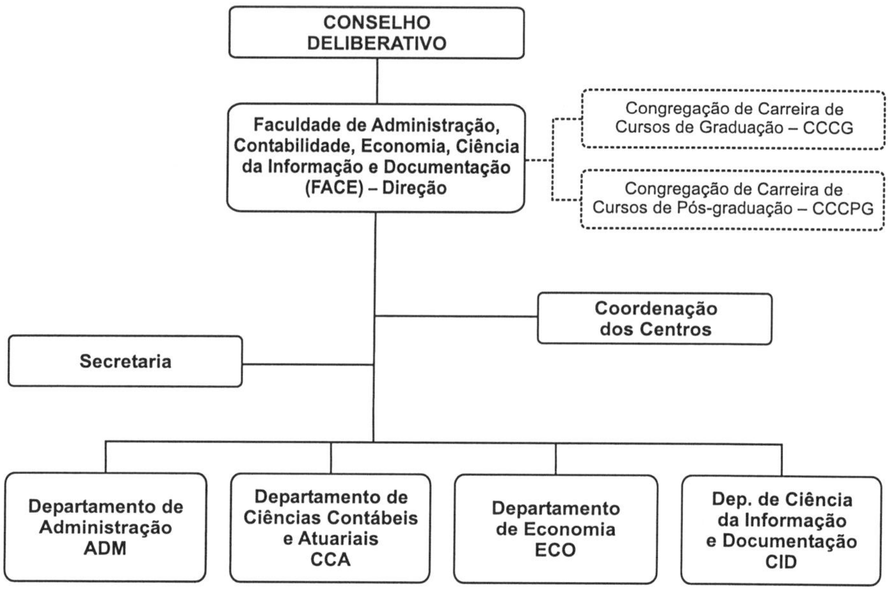

Capítulo 7

Plano de ação da FACE – programas, projetos e metas

Gileno Fernandes Marcelino
Lavínia de Lima Galvão
Marta Ghirland

Alguns autores propõem que o modelo de planejamento estratégico seja implementado com a participação dos representantes de todos os segmentos da organização, incluindo a clientela, em algumas fases (Marcelino, 1998). Ressaltam que o planejamento participativo, quando bem conduzido, facilita a quebra das resistências à mudança. Segundo Ackoff (1995), " O principal benefício do planejamento participativo não é seu produto, ou seja, o plano, mas o processo envolvido."

Dessa forma, o Plano de Ação apresentado a seguir representa o resultado de seis "Encontros de planejamento e administração estratégica", realizados na FA e coordenados pelo então Diretor, professor Gileno Fernandes Marcelino. Representa o consenso dos seus participantes.

Em que pese existirem elementos favoráveis no ambiente externo e o cenário planejado promissor do planejamento da FA definindo o confronto entre as oportunidades e as capacidades administrativas e operacionais como satisfatório, atenção especial deve ser dada à implementação de estratégias e ao Plano de Ação para solucionar ou, pelo menos, minimizar as disfunções existentes, de forma a aumentar a capacidade da Faculdade enfrentar e diminuir ameaças e concorrentes presentes no ambiente externo.

Na intenção de levar a FA à condição de referencial e de modelo de gestão na Universidade de Brasília, o Plano de Ação, consolidado e agrupado em sete programas, 17 projetos e 51 metas, apresenta-se adequado às necessidades e anseios da Faculdade, contando, para sua implementação, com técnicas adequadas de administração e gestão de recursos.

Após a conclusão dos eventos de "Planejamento e administração estratégica da FA", uma equipe interna da Faculdade, seguindo orientação da Secretaria de Planejamento da UnB – SPL, desenvolveu o Plano de Ação da FA.

Embora a SPL não os tenha solicitado, a FA decidiu incluir no Plano os conceitos de Programas e Projetos por entender que esses instrumentos gerenciais permitem melhor desenvolvimento, acompanhamento dos objetivos e das metas propostos.

Unidade: Faculdade de Administração, Contabilidade, Economia, Ciência da Informação e Documentação (FACE)

Programa 1 – Expansão e melhoria do ensino de graduação

Projeto 1 – Qualidade e expansão do ensino de graduação

3 - Áreas		4 - Nº Obj. e Diretriz UnB	Objetivos da unidade		Metas	
2 - Nº Ord.	Descrição		5 - Nº Ord.	6 - Descrição	7 - Nº Ord.	8 - Detalhamento
1	Ensino de Graduação	1 D3	1	Aprimorar e garantir a qualidade do ensino de graduação.	1	Promover, a partir de 2002 e com conclusão em 2005, a revisão curricular dos cursos de graduação oferecidos pelos departamentos, visando garantir sintonia com as necessidades regionais e do país.
1	Ensino de Graduação	1 D1	1	"	2	Manter a classificação máxima em todos os cursos de graduação que forem avaliados pelo provão/MEC, entre 2002 a 2006.
1	Ensino de Graduação	1 D1	1	"	3	Manter a classificação CMB (Condições Muito Boas) nas "Condições de ofertas dos cursos" em todos os cursos avaliados MEC/SESU/DEPES

Programa 1 – Expansão e melhoria do ensino de graduação

Projeto 1 – Qualidade e expansão do ensino de graduação (continuação)

3 - Áreas		4 - Nº Obj. e Diretriz UnB	Objetivos da unidade		Metas	
2 - Nº Ord.	Descrição		5 - Nº Ord.	6 - Descrição	7 - Nº Ord.	8 - Detalhamento
1	Ensino de Graduação	1 D6	1	Aprimorar e garantir a qualidade do ensino de graduação.	4	Realizar, em 2003, pesquisa sobre as causas da evasão de alunos da Faculdade e implementar políticas para reduzir o índice médio de evasão dos cursos em pelo menos 5%, até 2003.
1	Ensino de Graduação	1 D6	1	"	5	Realizar, em 2005, pesquisa sobre os alunos egressos dos cursos da Faculdade, levantando a posição no mercado de trabalho, o grau de satisfação em relação ao curso realizado e obter sugestões.
1	Ensino de Graduação	1 D1	1	"	6	Desenvolver e implementar, até 2005, Sistema de Gestão Acadêmica em todos os departamentos da Faculdade, contemplando o monitoramento interno dos indicadores de qualidade do ensino.

Programa 1 – Expansão e melhoria do ensino de graduação
Projeto 2 – Implantação e melhoria de laboratórios na graduação

3 - Áreas		4 - Nº Obj. e Diretriz UnB	Objetivos da unidade		Metas	
2 - Nº Ord.	Descrição		5 - Nº Ord.	6 - Descrição	7 - Nº Ord.	8 - Detalhamento
1	Ensino de Graduação	1 D10	2	Propiciar aos alunos recursos de informática necessários ao processo ensino-aprendizagem.	7	Modernizar e atualizar em pelo menos 80% os equipamentos dos laboratórios de informática dos Departamentos, mediante *upgrade* ou aquisição de novos recursos computacionais, até 2006.
1	Ensino de Graduação	1 D1	2	"	8	Montar laboratório de informática, para apoiar os cursos do Departamento de Ciências Contábeis, até 2004.

Programa 1 – Melhoria do ensino na graduação
Projeto 3 – Incentivo às atividades discentes

3 - Áreas		4 - Nº Obj. e Diretriz UnB	Objetivos da unidade		Metas	
2 - Nº Ord.	Descrição		5 - Nº Ord.	6 - Descrição	7 - Nº Ord.	8 - Detalhamento
1	Ensino de Graduação	1 D9	3	Propiciar aos alunos recursos de informática necessários ao processo ensino-aprendizagem.	9	Fomentar e apoiar a criação de empresas júnior nos departamentos da Faculdade.
1	Ensino de Graduação	1 D4	3	Promover a formação de empreendedores e facilitar a inserção dos alunos no mercado de trabalho.	10	Realizar , a partir de 2003, concurso anual de monografia, com premiação, sobre as áreas de conhecimento da Faculdade.
1	Ensino de Graduação	1 D4	3	"	11	Incentivar o intercâmbio acadêmico com outras instituições educacionais internacionais visando o aperfeiçoamento dos alunos.

Programa 2 – Expansão e melhoria do ensino de pós-graduação

Projeto 4 – Qualidade do ensino de pós-graduação

3 - Áreas		4 - Nº Obj. e Diretriz UnB	Objetivos da unidade		Metas	
2 - Nº Ord.	Descrição		5 - Nº Ord.	6 - Descrição	7 - Nº Ord.	8 - Detalhamento
2	Ensino de Pós-graduação	1 D6	4	Aprimorar e garantir a qualidade do ensino de Pós-graduação.	12	Promover, a partir de 2003 com conclusão em 2006, a revisão curricular dos cursos de pós-graduação dos Departamentos, assegurando sintonia dos programas de ensino com as necessidades regionais e do país.
2	Ensino de Pós-graduação	1 D3	4	"	13	Elevar o conceito dos cursos de pós-graduação de Administração, Contabilidade e da Ciência da Informação nas avaliações dos órgãos externos até 2006.
2	Ensino de Pós-graduação	1 D1	4	"	14	Implementar, até 2004, sistema de gestão acadêmica dos cursos de Pós-Graduação e monitoramento interno dos indicadores da qualidade do ensino em cada Departamento.

Programa 2 – Expansão e melhoria do ensino de pós-graduação

Projeto 5 – Expansão do ensino de pós-graduação

3 - Áreas		4 - Nº Obj. e Diretriz UnB	Objetivos da unidade		Metas	
2 - Nº Ord.	Descrição		5 - Nº Ord.	6 - Descrição	7 - Nº Ord.	8 - Detalhamento
2	Ensino de Pós-graduação	1 D2	5	Promover a expansão da pós-graduação nos Departamentos.	15	Criar um curso de pós-graduação em nível de Doutorado em Administração, até 2004.
2	Ensino de Pós-graduação	1 D2	5	"	16	Criar curso de pós-graduação em nível de Doutorado em Contabilidade, até 2006.
2	Ensino de Pós-graduação	1 D2	5	"	17	Desenvolver e implementar, até 2005, a oferta de pelo menos sete cursos de Especialização Profissionalizantes – MBA nas áreas de administração, economia, contabilidade e ciência da informação.

Programa 2 – Expansão e melhoria do ensino de pós-graduação

Projeto 6 – Modernização de recursos computacionais e audio-visuais

3 - Áreas		4 - Nº Obj. e Diretriz UnB	Objetivos da unidade		Metas	
2 - Nº Ord.	Descrição		5 - Nº Ord.	6 - Descrição	7 - Nº Ord.	8 - Detalhamento
2	Ensino de Pós-graduação	1 D9	6	Modernizar os recursos computacionais e audio-visuais dos programas de pós-graduação.	18	Modernizar em pelo menos 20%, até 2005, os recursos computacionais dos laboratórios de informática dos programas de pós-graduação da Faculdade.
2	Ensino de Pós-graduação	1 D9	6	"	19	Reequipar a FACE e seus departamentos com pelo menos 3 modernos recursos audiovisuais, até 2005.

Programa 3 – Incentivo à pesquisa

Projeto 7 – Melhoria da produtividade e qualidade da pesquisa

3 - Áreas		4 - Nº Obj. e Diretriz UnB	Objetivos da unidade		Metas	
2 - Nº Ord.	Descrição		5 - Nº Ord.	6 - Descrição	7 - Nº Ord.	8 - Detalhamento
3	Pesquisa científica	O2 D1	7	Aumentar a qualidade e a produtividade das atividades de pesquisa.	20	Promover e incentivar a criação de pelo menos um grupo de pesquisa em cada departamento com a participação da graduação e pós-graduação, até 2002.
3	Pesquisa científica	O2 D7	7	"	21	Estabelecer convênio de cooperação com instituição nacional ou internacional de reconhecida excelência no ensino da administração para a promoção em conjunto de atividades de pesquisa.
3	Pesquisa científica	O2 D1	7	"	22	Desenvolver e implantar, até 2004, programa de participação de docentes e alunos de pós-graduação em eventos técnico-científicos nas áreas de interesse da Faculdade.

Programa 3 – Incentivo à Pesquisa

Projeto 7 – Melhoria da produtividade e qualidade da pesquisa (continuação)

3 - Áreas		4 - Nº Obj. e Diretriz UnB	Objetivos da unidade		Metas	
2 - Nº Ord.	Descrição		5 - Nº Ord.	6 - Descrição	7 - Nº Ord.	8 - Detalhamento
3	Pesquisa científica	O2 D4	7	Aumentar a qualidade e a produtividade das atividades de pesquisa.	23	Disseminar e incentivar o Programa de Iniciação Científica (PIBIC).
3	Pesquisa científica	O2 D7	7	"	24	Desenvolver pesquisas relativas ao desenvolvimento organizacional em instituições do governo do Distrito Federal.

Programa 3 – Incentivo à pesquisa

Projeto 8 – Melhoria da gestão das atividades de pesquisa

3 - Áreas		4 - Nº Obj. e Diretriz UnB	Objetivos da unidade		Metas	
2 - Nº Ord.	Descrição		5 - Nº Ord.	6 - Descrição	7 - Nº Ord.	8 - Detalhamento
3	Pesquisa científica	O2 D2	8	Aumentar a qualidade e a produtividade das atividades de pesquisa.	25	Definir, até dezembro de 2003, linhas temáticas e prioridades de pesquisa dos departamentos.
3	Pesquisa científica	O2 D2	8	"	26	Estabelecer, em 2003, procedimentos para incentivo ao desenvolvimento da atividade de pesquisa, vinculada às atividades de ensino e extensão.
3	Pesquisa científica	O2 D10	8	"	27	Disseminar, por meio do *site* da FACE, informações sobre pesquisas e trabalhos de produção intelectual realizados.

Programa 4 – Atividades de extensão e assuntos comunitários

Projeto 9 – Fomento às atividades de extensão

3 - Áreas		4 - Nº Obj. e Diretriz UnB	Objetivos da unidade		Metas	
2 - Nº Ord.	Descrição		5 - Nº Ord.	6 - Descrição	7 - Nº Ord.	8 - Detalhamento
4	Extensão universitária	O3 D2	9	Fomentar as atividades de extensão.	28	Propor procedimentos, com a participação de todos os departamentos, para a realização de eventos de extensão.
4	Extensão universitária	O3 D1	9	“	29	Realizar, anualmente, no mínimo um evento de extensão, por parte de cada departamento.

Programa 4 – Atividades de extensão e assuntos comunitários

Projeto 10 – Fomento às atividades comunitárias

3 - Áreas		4 - Nº Obj. e Diretriz UnB	Objetivos da unidade		Metas	
2 - Nº Ord.	Descrição		5 - Nº Ord.	6 - Descrição	7 - Nº Ord.	8 - Detalhamento
4	Ações comunitárias	O3 D2	10	Fortalecer ações comunitárias	30	Promover e apoiar os Centros Acadêmicos como legítimos representantes do corpo discente.
4	Ações comunitárias	O3 D2	10	"	31	Elaborar manuais de orientação aos novos alunos.

Programa 5 – Desenvolvimento institucional

Projeto 11 – Integração da economia na estrutura da FACE

3 - Áreas		4 - Nº Obj. e Diretriz UnB	Objetivos da unidade		Metas	
2 - Nº Ord.	Descrição		5 - Nº Ord.	6 - Descrição	7 - Nº Ord.	8 - Detalhamento
5	Organizacional	O5 D9	11	Integrar o Departamento de Economia na estrutura da FACE.	32	Desenvolver projeto para a integração do Departamento de Economia à estrutura da FACE.
5	Organizacional	O5 D9	11	“	33	Fazer gestões junto à reitoria e Conselhos Superiores da UnB para viabilizar a integração do Dep. de Economia à FACE.

Programa 5 – Desenvolvimento institucional

Projeto 12 – Modernização da gestão da FACE

3 - Áreas		4 - Nº Obj. e Diretriz UnB	Objetivos da unidade		Metas	
2 - Nº Ord.	Descrição		5 - Nº Ord.	6 - Descrição	7 - Nº Ord.	8 - Detalhamento
5	Organizacional	O5 D9	12	Promover a modernização da estrutura da FACE.	34	Desenvolver, até 2003, estudos para a reestruturação da FACE.
5	Planejamento, avaliação e informação	O5 D3	12	Fortalecer o planejamento, a avaliação e o sistema de informações da Faculdade.	35	Desenvolver e implementar Sistema de Planejamento e Avaliação Institucional para a Faculdade e seus departamentos, a partir de 2002.
5	Planejamento, avaliação e informação	O5 D4	12	"	36	Desenvolver e implementar, até 2003, sistema de comunicação da FACE e seus departamentos com seus diversos públicos, interno e externo, usando Internet e mídias.
5	Organizacional	O5 D6	12	"	37	Elaborar, até 2003, estudo de viabilidade sobre a instituição de fundação com escopo de atuação nas áreas de administração, economia, contabilidade e ciência da informação, como instrumento de apoio às atividades da FACE.

Programa 5 – Desenvolvimento institucional

Projeto 12 – Modernização da gestão da FACE (continuação)

3 - Áreas		4 - Nº Obj. e Diretriz UnB	Objetivos da unidade		Metas	
2 - Nº Ord.	Descrição		5 - Nº Ord.	6 - Descrição	7 - Nº Ord.	8 - Detalhamento
5	Prestação de serviços	O5 D6	12	Aumentar o ingresso de receita da Faculdade.	38	Desenvolver projetos e captar recursos por meio de Fundações de apoio.
5	Planejamento, avaliação e informação	O5 D2	12	"	39	Co-participar da gestão acadêmica da UnB gerando estudos, propostas e sugestões para a melhoria da administração da UnB e da qualidade de vida no *Campus*.
5	Planejamento, avaliação e informação	O5 D2	12	"	40	Encaminhar à Biblioteca Central as necessidades bibliográficas dos departamentos visando ao atendimento de 20% da bibliografia indicada para os alunos de graduação e de pós-graduação.

Programa 5 – Desenvolvimento institucional

Projeto 13 – Centro de estudos de governo e administração pública

3 - Áreas		4 - Nº Obj. e Diretriz UnB	Objetivos da unidade		Metas	
2 - Nº Ord.	Descrição		5 - Nº Ord.	6 - Descrição	7 - Nº Ord.	8 - Detalhamento
5	Organizacional	O5 D9	13	Criar um Centro de Estudos de Governo e Administração Pública.	41	Propor, desenvolver e implementar, um Centro de Estudos de Governo e Administração Pública, visando ampliar as relações da universidade com o setor governamental federal, estadual, municipal e do Distrito Federal, realizar pesquisas e prover assessoria à gestão pública.

Programa 6 – Desenvolvimento de pessoal
Projeto 14 – Contratação de docentes

3 - Áreas		4 - Nº Obj. e Diretriz UnB	Objetivos da unidade		Metas	
2 - Nº Ord.	Descrição		5 - Nº Ord.	6 - Descrição	7 - Nº Ord.	8 - Detalhamento
6	Recursos humanos	1 D1	17	Suprir o atual quadro de docentes de acordo com a real demanda dos departamentos.	42	Realizar estudo de demanda de docentes para os departamentos da FACE.
6	Recursos humanos	1 D1	17	"	43	Fazer gestões junto à direção superior da UnB para a realização de concurso público visando a contratação de docentes.

Programa 6 – Desenvolvimento de pessoal

Projeto 15 – Aprimoramento do quadro docente e técnico-administrativo

3 - Áreas		4 - Nº Obj. e Diretriz UnB	Objetivos da unidade		Metas	
2 - Nº Ord.	Descrição		5 - Nº Ord.	6 - Descrição	7 - Nº Ord.	8 - Detalhamento
6	Recursos humanos	1 D1	15	Aprimorar o corpo docente e de funcionários técnico-administrativos visando constante atualização.	44	Estabelecer parâmetros para reciclagem do quadro docente.
6	Recursos humanos	1 D1	15	"	45	Elaborar plano de capacitação para os técnico-administrativos da FACE e de seus departamentos.
6	Recursos humanos	1 D1	15	"	46	Promover atualização de 40% do quadro docente.
6	Recursos humanos	1 D1	15	"	47	Treinar e qualificar 60% do quadro técnico-administrativo.

Programa 6 – Desenvolvimento de pessoal

Projeto 16 – Gestores universitários

3 - Áreas		4 - Nº Obj. e Diretriz UnB	Objetivos da unidade		Metas	
2 - Nº Ord.	**Descrição**		**5 - Nº Ord.**	**6 - Descrição**	**7 - Nº Ord.**	**8 - Detalhamento**
6	Recursos humanos	1 D3	16	Apoiar a administração superior da UnB.	48	Desenvolver e implementar, em conjunto com outras universidades da região, projeto de treinamento de gestores universitários para a região Centro-Oeste, até 2004.

Programa 7 – Obras

Projeto 17 – Construção de novo prédio para a FACE

3 - Áreas		4 - Nº Obj. e Diretriz UnB	Objetivos da unidade		Metas	
2 - Nº Ord.	Descrição		5 - Nº Ord.	6 - Descrição	7 - Nº Ord.	8 - Detalhamento
7	Obras	1 D2	17	Promover a integração física dos departamentos da FACE.	49	Incluir como obra prioritária no Conselho Diretor da FUB.
7	Obras	1 D2	17	"	50	Elaborar anteprojeto.
7	Obras	1 D2	17	"	51	Desenvolver projeto executivo.

Atividades de suprimento e manutenção

3 - Áreas		4 - Nº Obj. e Diretriz UnB	Objetivos da unidade		Metas	
2 - Nº Ord.	Descrição		5 - Nº Ord.	6 - Descrição	7 - Nº Ord.	8 - Detalhamento
	Manutenção	O5 D2	–	Manter os serviços normais de apoio ao funcionamento acadêmico.	52	Manter o suprimento regular de material de consumo.
	Manutenção	O5 D2	–	"	53	Manter serviços de pessoa jurídica.
	Manutenção	O5 D2	–	"	54	Manter serviços de pessoa física.
	Manutenção	O5 D2	–	"	55	Material permanente (informática).
	Manutenção	O5 D2	–	"	56	Passagens aéreas e terrestres.
	Manutenção	O5 D2	–	"	57	Diárias.

Capítulo 8

Orçamento estratégico da FACE

Solange Maria David

O planejamento, como instrumento de gestão, se justifica pela necessidade que a organização tem em estabelecer alternativas e propor ações que objetivam o alcance de sua missão, ou seja, o cumprimento de sua função junto à sociedade, em última análise, a própria sobrevivência.

Tal instrumento abriga inúmeros processos que se organizam de forma sistêmica no contexto organizacional, enquanto refletem as alternativas e as ações para encaminhá-las. A dinâmica provocada com este movimento abrange todas as áreas funcionais e dimensões relacionais do ambiente organizacional. A percepção desse movimento, somada à relevância do ambiente no processo, confere o caráter estratégico ao planejamento escolhido para a gestão da FACE.

Contudo, a eficácia do planejamento, somatório de todos processos envolvidos, se define na medida em que este instrumento promova meios para realização das ações. Nesse sentido, o orçamento se torna instrumento reflexo do planejamento estratégico, demonstrando, pragmaticamente, o que viabilizará o alcance das ações previamente escolhidas. Esse recurso, na dinâmica do planejamento estratégico para a FACE, apresentou a priorização de projetos e atividades, prazos para sua finalização, quantitativo financeiro disponibilizado, além da definição da natureza do gasto proposto, tanto para a manutenção das rotinas organizacionais, quanto para novos projetos, conforme Tabela 75 a seguir.

Tabela 75 – Orçamento consolidado por projeto/atividades:
Unidade – Faculdade de Administração, Contabilidade, Economia, Ciência da Informação e Documentação: Recursos por ano (Valores em R$ 1,00)

Priori-dade	Nº Obj.	Projeto/ Atividade	Ano(s)	Metas	Pessoal	Mobiliário máquinas	Equipamento informática	Outros custeios	Obras instalações	Total
6	1	Qualidade e expansão do ensino de graduação	2002 a 2006	**1 a 6**	30.000					30.000
3	2	Implantação e melhoria de laboratórios	2003 a 2006	**7 a 8**	2.000	5.000	182.000	6.000		195.000
7	3	Incentivo às atividades discentes	2002 a 2006	**9 a 11**		1.000	7.000	22.000		30.000
12	4	Qualidade do ensino da pós-graduação	2002 a 2006	**12 a 14**						
3	5	Expansão do ensino de pós-graduação	2004 a 2006	**15 a 17**				20.000		20.000
4	6	Modernização de recursos computacionais e audiovisuais	2004 a 2006	**18 a 19**		21.000	12.000			33.000

Priori-dade	Nº Obj.	Projeto/ Atividade	Ano(s)	Metas	Pessoal	Mobiliário máquinas	Equipamento informática	Outros custeios	Obras instalações	Total
8	7	Melhoria da produtividade e qualidade da pesquisa	2003 a 2005	**20 a 24**				10.000		10.000
14	8	Melhoria da gestão das atividades de pesquisa	2003 a 2006	**25 a 27**						
10	9	Fomento às atividades de extensão	2002 a 2006	**28 e 29**				10.000		10.000
10	10	Fomento às ações comunitárias	2002 a 2003	**30 a 31**		2.000	2.000			4.000
1	11	Integração da economia na estrutura da FACE	2003 a 2005	**32 e 33**						
5	12	Modernização da gestão da FACE	2003 a 2006	**34 a 40**				12.000		12.000
11	13	Centro de estudos de governo e administração	2003 a 2006	**41**				10.000		10.000

Priori-dade	Nº Obj.	Projeto/ Atividade	Ano(s)	Metas	Pessoal	Mobiliário máquinas	Equipamento informática	Outros custeios	Obras instalações	Total
15	14	Contratação de docentes para a FACE	2003 a 2005	**42 e 43**						
9	15	Aprimoramento do quadro docente e técnico-administrativo	2003 a 2006	**44 a 47**	7.200					7.200
16	16	Gestores universitários	2002 a 2006	**48**						
2	17	Construção de novo prédio para a FACE	2002 a 2006	**49 a 51**					3.000.000	3.000.000
		Manutenção	2002 a 2006	**52 a 57**					504.000	504.000
Total										**3.865.200**

Cada projeto e atividade foi agrupado aos programas institucionais da universidade, no âmbito da Faculdade, tais como, graduação, pós-graduação, pesquisa e extensão, além dos programas de desenvolvimento institucional, desenvolvimento de pessoal e de obras. Esses mesmos projetos e atividades foram também desmembrados em metas específicas, cujo somatório expressa seu alcance. Por sua vez, o somatório de projetos e atividades expressa o cumprimento dos programas.

Tabela 76 – Orçamento detalhado por programa/projeto/atividades:
Unidade – Faculdade de Administração, Contabilidade, Economia, Ciência da Informação e Documentação: Recursos por ano (Valores em R$ 1,00)

Nº Objetivos/ Metas	Programa Projeto Meta	Ano	Pessoal	Mobiliários máquinas	Equipamentos informática	Outros custeios	Obras instalações	Total
PROGRAMA 1	Expansão e melhoria no ensino de graduação	2002 a 2006						
PROJETO 1	Qualidade e expansão do ensino de graduação	2002 a 2006	30.000					3.000
1.1	Revisar currículos	2002 a 2006						
1.2	Manter classificação PROVÃO	2002 a 2006						
1.3	Manter classificação CMB/MEC	2002 a 2006						
1.4	Realizar pesquisa de evasão	2003	10.000					10.000
1.5	Realizar pesquisa de egressos	2005	20.000					20.000

Nº Objetivos/ Metas	Programa Projeto Meta	Ano	Pessoal	Mobiliários máquinas	Equipamentos informática	Outros custeios	Obras instalações	Total
1.6	Implementar sistema de gestão acadêmica	2005						
PROJETO 2	Implantação e melhoria de laboratórios	2003 a 2006	2.000	5.000	182.000	6.000		195.000
2.7	Modernizar 80% dos laboratórios de informática existentes	2003 a 2006			80.000			80.000
2.8	Montar laboratório de informática do CCA	2002 a 2004	2.000	5.000	102.000	6.000		115.000
PROJETO 3	Incentivo às atividades discentes	2003 a 2006		1.000	7.000	22.000		30.000
3.9	Fomentar e apoiar a criação de empresas júnior nos Departs.	2004 a 2005		1.000	7.000	2.000		10.000

Nº Objetivos/ Metas	Programa Projeto Meta	Ano	Pessoal	Mobiliários máquinas	Equipamentos informática	Outros custeios	Obras instalações	Total
3.10	Realizar dois concursos de monografia com premiação	2003 a 2005				16.000		16.000
3.11	Incentivar intercâmbio com institui-ções educ. internacionais	2003 a 2006				4.000		4.000
PROGRAMA 2	Melhoria do ensino de pós-graduação							
PROJETO 4	Qualidade do ensino de pós-graduação	2002 a 2006						
4.12	Revisar currículos dos cursos	2003 a 2006						
4.13	Elevar conceito dos cursos nas avaliações externas	2006						

Nº Objetivos/ Metas	Programa Projeto Meta	Ano	Pessoal	Mobiliários máquinas	Equipamentos informática	Outros custeios	Obras instalações	Total
4.14	Implementar sistema de gestão acadêmica	2004						
PROJETO 5	Expansão do ensino de pós-graduação	2002 a 2006				20.000		20.000
5.15	Criar doutorado em Administração	2004				10.000		10.000
5.16	Criar doutorado em Contablidade	2006				10.000		10.000
5.17	Realizar sete cursos MBA (ADM; CCA; CID)	2002 a 2005						
PROJETO 6	Modernização de recursos computacionais e audiovisuais	2004 a 2006		21.000	12.000			33.000
6.18	Melhoria em 20% dos lab. de informática da PG	2005			12.000			12.000

Nº Objetivos/ Metas	Programa Projeto Meta	Ano	Pessoal	Mobiliários máquinas	Equipamentos informática	Outros custeios	Obras instalações	Total
6.19	Reequipar a FACE com três recursos audiovisuais	2003 a 2005		21.000				21.000
PROGRAMA 3	Incentivo à Pesquisa							
PROJETO 7	Melhoria da produtividade e qualidade da pesquisa	2003 a 2005				10.000		10.000
7.20	Promover a criação de um grupo de pesquisa	2002				2.000		2.000
7.21	Estabelecer convênio de cooperação científica	2003				4.000		4.000
7.22	Desenvolver plano de participação em eventos técnico-científicos	2004				4.000		4.000

Nº Objetivos/ Metas	Programa Projeto Meta	Ano	Pessoal	Mobiliários máquinas	Equipamentos informática	Outros custeios	Obras instalações	Total
7.23	Disseminação do programa de iniciação científica (PIBIC)	2002				4.000		4.000
7.24	Desenvolver pesquisas sobre organi-zações públicas do DF	2002						
PROJETO 8	Melhoria da gestão das atividades de pesquisa	2003 a 2006						
8.25	Definir linhas temas e prioridade das atividades de pesquisa	2003						
8.26	Estabelecer procedimentos de incentivo a pesquisas vinculadas à extensão	2003						

Nº Objetivos/ Metas	Programa Projeto Meta	Ano	Pessoal	Mobiliários máquinas	Equipamentos informática	Outros custeios	Obras instalações	Total
8.27	Disseminar no *site* da FACE informações sobre pesquisas e trabalhos	2003						
PROGRAMA 4	Atividades de extensão e assuntos comunitários							
PROJETO 9	Fomento às atividades de extensão	2002 a 2006				10.000		10.000
9.28	Propor procedimentos para realização de eventos de extensão	2003						
9.29	Realizar um evento ao ano nos departamentos	2002 a 2006				10.000		10.000

Nº Objetivos/ Metas	Programa Projeto Meta	Ano	Pessoal	Mobiliários máquinas	Equipamentos informática	Outros custeios	Obras instalações	Total
PROJETO 10	Fomento às ações comunitárias	2002 a 2006		2.000	2.000			4.000
10.30	Promover e apoiar os centros acadêmicos	2002 a 2006		2.000	2.000			4.000
10.31	Elaborar manual de orientação aos novos alunos	2003						
PROGRAMA 5	Desenvolvimento institucional	2002 a 2006						
PROJETO 11	Integração do Departamento de Economia na estrutura da FACE	2003 a 2005						
11.32	Desenvolver projeto de integração	2002						

Nº Objetivos/ Metas	Programa Projeto Meta	Ano	Pessoal	Mobiliários máquinas	Equipamentos informática	Outros custeios	Obras instalações	Total
11.33	Fazer gestões junto à reitoria para viabilizar integração	2003						
PROJETO 12	Modernização da Gestão da FACE	2003 a 2006						
12.34	Desenvolver estudos para a reestruturação da FACE	2003						
12.35	Desenvolver e implementar sistema de planejamento e avaliação Institucional da FACE	2002 a 2004						
12.36	Desenvolver e implementar sistema de comunicação público interno e externo à FACE	2002 a 2006				12.000		12.000

Nº Objetivos/ Metas	Programa Projeto Meta	Ano	Pessoal	Mobiliários máquinas	Equipamentos informática	Outros custeios	Obras instalações	Total
12.37	Estudo sobre viabilidade de fundação de apoio	2003						
12.38	Desenvolver projetos de captação de recursos	2002 a 2006						
12.39	Co-participar da gestão acadêmica da UnB							
12.40	Encaminhar à BCE neces-sidades para atendimento de 20% da bibliografia para cursos da FA	2002 a 2004						
PROJETO 13	Centro de estudos de governo e administração	2003 a 2005				10.000		10.000

Nº Objetivos/ Metas	Programa Projeto Meta	Ano	Pessoal	Mobiliários máquinas	Equipamentos informática	Outros custeios	Obras instalações	Total
13.41	Projetar e implementar centro de estudos de governo e administração publica	2002 a 2003				10.000		10.000
PROGRAMA 6	Desenvolvimento de pessoal							
PROJETO 14	Contratação de docentes para a FACE	2003 e 2005						
14.42	Realizar estudo de demanda nos departamentos	2005						
14.43	Gestões com a FUB para realização de concurso público	2005						

Nº Objetivos/ Metas	Programa Projeto Meta	Ano	Pessoal	Mobiliários máquinas	Equipamentos informática	Outros custeios	Obras instalações	Total
PROJETO 15	Aprimoramento do quadro docente e técnico-administrativo	2003 e 2006	7.200					7.200
15.44	Estabelecer parâmetros para qualificação docente	2006						
15.45	Elaborar plano de capacitação técnico-administrativo	2003						
14.46	Promover atualização de 40% do quadro docente	2006						
15.47	Promover capacitação de 60% do quadro técnico	2002 a 2005	7.200					7.200

Nº Objetivos/ Metas	Programa Projeto Meta	Ano	Pessoal	Mobiliários máquinas	Equipamentos informática	Outros custeios	Obras instalações	Total
PROJETO 16	Gestores universitários	2003 e 2006						
16.48	Desenvolver e implementar projeto com IES de treinamento de gestores universitários da região CO	2004						
PROGRAMA 7	Obras							
PROJETO 17	Construção de novo prédio para a FACE	2002 a 2006					3.000.000	3.000.000
17.49	Incluir como obra prioritária no conselho Diretor da FUB	2002						
17.50	Elaborar anteprojeto	2003					60.000	60.000

Nº Objetivos/ Metas	Programa Projeto Meta	Ano	Pessoal	Mobiliários máquinas	Equipamentos informática	Outros custeios	Obras instalações	Total
17.51	Desenvolver projeto executivo	2004					2.940.000	2.940.000
	ATIVIDADES DE MANUTENÇÃO	2002 a 2006				504.000		504.000
52	Manter suprimento regular de material de consumo	2002 a 2006				171.000		171.000
53	Manter serviços de pessoa jurídica	2002 a 2006				87.000		87.000
54	Manter serviços de pessoa física	2002 a 2006				25.000		25.000
55	Manter integridade máquinas e equipamentos	2002 a 2006						

Nº Objetivos/ Metas	**Programa Projeto Meta**	**Ano**	**Pessoal**	**Mobiliários máquinas**	**Equipamentos informática**	**Outros custeios**	**Obras instalações**	**Total**
56	Manter serviços de passagens aéreas e terrestres	2002 a 2006					151.000	151.000
57	Manter concessão de diárias	2002 a 2006					70.000	70.000
TOTAL								**3.865.200**

Figuras, quadros e tabelas

LISTA DE FIGURAS

LISTA DE QUADROS

LISTA DE QUADROS

LISTA DE TABELAS

Referências bibliográficas

ACKOFF, Russel L. *Planejamento organizacional.* Rio de Janeiro: Livros Técnicos e Científicos, 1975.

ANSOFF, H. Igor; MACDONNELL, Edward. *Implantando a administração estratégica.* 2. ed. São Paulo : Atlas, 1993.

BRASIL. Presidência da República/Câmara da Reforma do Estado. *Plano diretor da reforma do aparelho do Estado.* Brasília: Ministério da Administração Federal e Reforma do Estado, 1995.

BRESSER PEREIRA, Luiz Carlos. *Gestão do setor público:* estratégia e estrutura para um novo Estado. In: BRESSER PEREIRA, Luiz Carlos; SPINK, Peter. Rio de Janeiro: FGV, 1998.

BERRÍOS, Rodrigo. Mais competitividade no ensino. *América Economia,* Santiago do Chile, n. 166, p. 53-55, set.1999.

CERTO, Samuel C; PETER, J. Paul. *Administração estratégica:* planejamento e implantação da estratégia. São Paulo: Makron Books, 1993.

DRUCKER, Peter F. *Uma era de descontinuidade:* orientações para uma sociedade em mudanças. Rio de Janeiro: Zahar, 1974.

ETZIONI, Amitai. *Organizações modernas.* São Paulo: Pioneira, 1980.

FINGER, Almeri Paulo. *Gestão de universidades:* novas abordagens. Curitiba: Champanhat, 1997.

GAJ, Luis. *Tornando a administração estratégica possível. McGraw-Hill,* 1990.

HAMEL, Gary; PRAHALAD, C.K. *Competindo pelo futuro.* Rio de Janeiro: Campus, 1995.

HILL, Charles W.L.; JONES, Gareth R. *Strategic management theory:* an integrated approach. 1998, Nova York, Boston.

IBGE, Censo *www.inep.gov.br/download/censo/2000/basica/sinopse2000.xls* - 6/6/2002.

KETTIL, Donald F. A revolução global: reforma da administração do setor público. In: BRESSER PEREIRA, Luiz Carlos; SPINK, Peter. *Reforma do estado e administração pública gerencial.* Rio de Janeiro: FGV, 1998.

KURTZ, Robert. *O colapso da modernização.* São Paulo: Terra e Paz, 1996.

LUZ, Rodolfo Pinto. *Financiamento e expansão. UnB Revista.* Ano 1, nº 4. Out/Nov/Dez 2001. Brasília: UnB/Secretaria de empreendimentos, 2001.

MARCELINO, Gileno. *Governo, imagem e sociedade.* Brasília, FUNCEP, 1988.

______. *Seminários de planejamento estratégico.* Brasília: UnB/SPL, 1998.

______. *Em busca da flexibilidade do Estado:* o desafio das reformas planejadas no Brasil. In: III Congresso Internacional do CLAD. Espanha, 1998.

______. *Plano de gestão da FA. 2001-2005.* Brasília, FAD, 2001.

______; LIRA, Vitor Henriques. *Como planejar e estruturar uma organização a partir da administração estratégica.* Brasília, mimeo 2001.

______. *Planejamento estratégico em gestão universitária: o caso da Faculdade de Estudos Sociais Aplicados da Universidade de Brasília.* Texto apresentado no VI Congreso Internacional Del CAD, 2002 (http://cebem.com/biblioteca/vicongresoclad/marcelin.pdf)

MINISTÉRIO DA EDUCAÇÃO. Censo da Educação Superior 2000. Brasília: INEP - Instituto Nacional de Ensino Superior, 2001. www. inep.gov.br/censo/2000/superior/ siponse_superior2000.pdf acessado em 26 Mar 2002.

MINTZBERG, Henry; AHLSTRAND, Bruce; LAMPEL, *Joseph Safári da Estratégia:* um roteiro pela selva do planejamento estratégico. Porto Alegre: Bookman, 2000.

MIRANDA, Nair Aguiar. *O processo de mudança na UnB: 1993-1997.* Trabalho premiado no 2º Concurso Nacional de Experiências Inovadoras de Gestão do Setor Público, promovido pelo Ministério de Administração e pela ENAP http://www.enap.gov.br/html/concurso/resultado_02.htm . Brasília, ENAP, 1997.

Termo de Referência para Implantação do Sistema de Planejamento Institucional da UnB. Material didático do curso "Novo Modelo de Gestão: Prática de Planejamento e Orçamento". Módulo V. UnB/SRH/SPL. Brasília, versão preliminar, 2003.

MOTTA, Paulo R. Planejamento estratégico em organizações sem fins lucrativos: considerações sobre dificuldades gerenciais. *Revista de Administração Pública.* Rio de Janeiro: FGV, 1979, jul/set.

NEIVA, Hélio Marcos. UnB: *A captação de recursos pela prestação de serviços.* Material didático distribuído aos alunos do Curso "Novo Modelo de Gestão: Prática de Planejamento e Orçamento". Módulo III. UnB/SRH/SPL. Brasília, Versão Preliminar, 2003.

NONAKA, Ikujiro; TAKEUCHI, Hirotaka. *Criação do conhecimento na empresa:* como as empresas japonesas geram a dinâmica da inovação. Rio de Janeiro: Campus, 1997.

OLIVEIRA, Djalma P. Rebouças. *Planejamento estratégico:* processo e metodologias. São Paulo: Atlas, 17. ed. , 2002.

OSBORNE, David; GAEBLER, Ted. *Reinventando o Governo.* Brasília: MH Comunicações, 1994.

PORTER, Michael. Da vantagem competitiva à estratégia corporativa. In: MONTGOMERY, Cynthia A. *Estratégia:* a busca da vantagem competitiva. Rio de Janeiro: Campus, 1998.

PRAHALAD, C.K.; HAMEL, Gary. A competência essencial da corporação. In: MONTGOMERY, Cynthia A.; PORTER, Michael. *Estratégia*: a busca da vantagem competitiva. Rio de Janeiro: Campus, 1998.

RIBEIRO, Nelson de Figueiredo. *Administração acadêmica:* a teoria e métodos. Rio de Janeiro: Livros técnicos e científicos, 1977.

SILVEIRA JÚNIOR, Aldery; VIVACQUA, Guilherme Antônio. *Planejamento estratégico como instrumento de mudança organizacional.* São Paulo: Atlas, 1999.

TARAPANOFF, Kira. Inteligência organizacional e competitiva. Tarapanoff, Kira (Org.). Brasília, Editora Universidade de Brasília, 2001.

TOFFLER, Alvin. *A terceira onda*. Rio de Janeiro: Record, 1980.

TOHÁ, Carolina; SOLARI, Ricardo. Novas tendências do Estado e gerência pública. In: *Revista do Serviço Público*, v.3, Set/Dez, 1997.

UNIVERSIDADE DE BRASÍLIA. *Documentos para a implementação do planejamento estratégico e da avaliação institucional da UnB*. Assessoria de Planejamento e Avaliação Institucional/APA. UnB: Brasília, mimeo, agosto 1994.

UNIVERSIDADE DE BRASÍLIA. *Relatório de gestão 1993/1997*. Texto de divulgação restrita. Brasília, mimeo, 1997.

UNIVERSIDADE DE BRASÍLIA. *Regimento geral*. Brasília. Fundação Universidade de Brasília, 2001.

VASCONCELOS FILHO, Paulo de; PAGNONCELLI, Dernizo. *Construindo estratégias para vencer:* um método prático, objetivo e testado para o sucesso de sua empresa. 4. ed. Rio de Janeiro: Campus, 2001.

VIEIRA, Eduardo Tadeu. Considerações a respeito do desenvolvimento de um procedimento para mensurar o custo do aluno. In: Organização Universitária Interamericana (OUI/QUEBEC). Inter-American Journal of University Management. *Revista Interamericana de Gestão Universitária*, nº. 15, Octubre 1999, p. 135/144.

WRIGHT, Peter L., KROLL, Mark J.; PARNELL, John. *Administração estratégica:* conceitos. São Paulo: Atlas, 2000.

Este trabalho foi impresso nas oficinas da Teixeira Gráfica e Editora Ltda; no sistema off-set, sobre papel apergaminhado 75g/m², com capa em papel supremo 250g/m², em março de 2004, Brasília-DF